김희상
명품 감정평가관계법규

1차 | 체계도

김희상 편저

박문각 감정평가사

"감정평가관계법규를 공부하는 여러분들께"

감정평가관계법규는 수험생들에게는 용어도 낯설고 내용도 복잡하며 숫자도 많아서 접근하기가 어려운 법률입니다.

하지만 아무리 내용이 어려워도 감정평가관계법규의 원리와 체계를 통하여 접근하면,

감정평가관계법규는 더 이상 공포의 법률이 아닌 공부하고 싶고 기다려지는 과목이 됩니다.

감정평가관계법규 체계도는 공부를 시작하는 수험생들이 전체적인 체계도를 통해 숲을 머릿속에 그리고

세세한 이론을 공부하기를 바라는 생각에서 출간하게 되었습니다.

감정평가관계법규의 정답은 체계입니다. 여러분이 감정평가관계법규를 더 이상 공포가 아닌

즐겁게 고득점할 수 있도록 도와드리겠습니다.

본서를 통해 수험생 여러분들이 모두 합격의 길로 가시길 바랍니다.

2024년 7월 저자 **명품 감정평가관계법규** 김희상

감정평가관계법규 **김희상**

저자 약력

現 에듀스파 박문각 부동산공법 교수

現 서울법학원 감정평가관계법규 교수

前 에듀윌 부동산공법 교수

前 방송대학TV 부동산공법 강사

前 삼성 SDI e-campus 부동산공법 강사

前 한국자산관리공사 공법 특강 강사

이 책의 차례

이 책의 **구성**

체계도 + 빈 / 칸 / 완 / 성 한번 더!

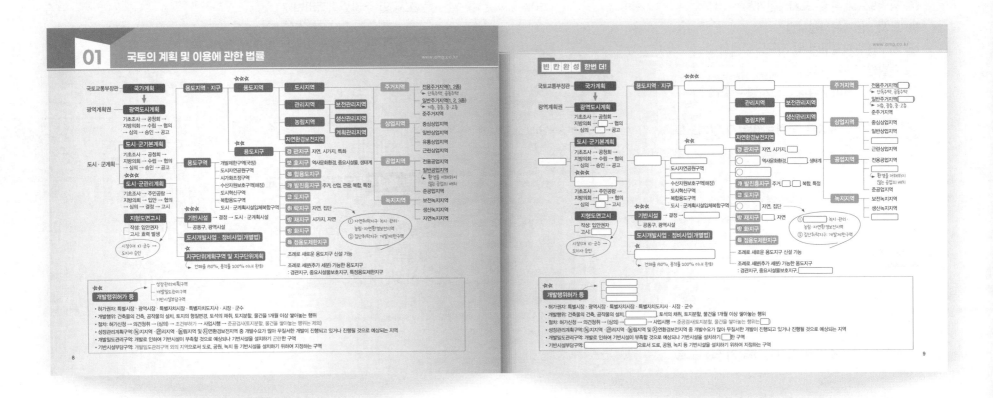

체계도로 감정평가관계법규의 전체적인 흐름과 절차를 파악!

빈칸완성을 통해 중요 키워드를 채워나가며 자연스러운 반복학습 완성!

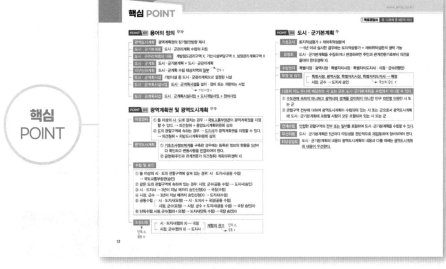

시험에 자주 출제되는 핵심 이론 학습!

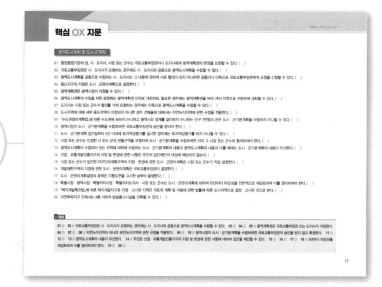

실제 기출지문으로 만들어진 OX문제로 실력 점검!

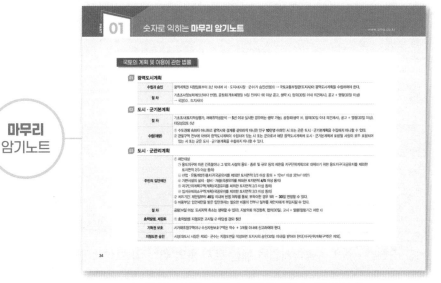

꼭 알아야 하는 중요 숫자를 암기하며 마무리 정리!

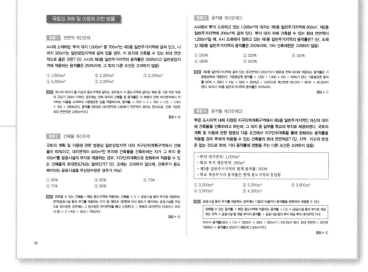

헷갈릴 수 있는 계산문제를 유형별로 정리!
+ 상세한 해설 수록!

행정 조직도

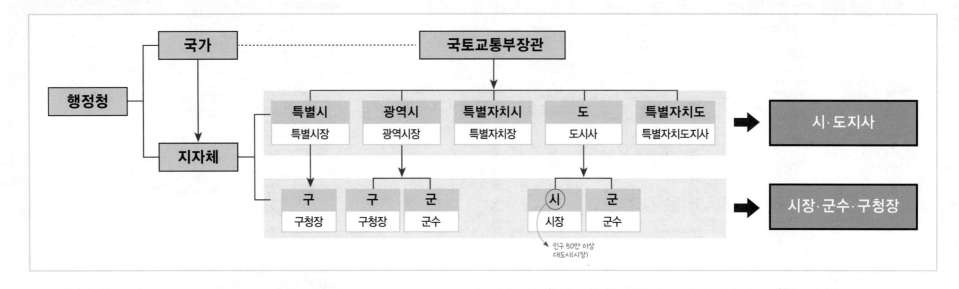

감정평가관계법규 체계도 이렇게 보세요!

☆	1회 이상 출제	**검정색** 기본 이론
☆☆	2회 이상 출제	**빨간색** 중요 이론
☆☆☆	3회 이상 출제	손글씨 교수님 보충 설명
		암기 TIP 꼭 알아둘 암기코드

국장	국토교통부장관
해장	해양수산부장관
행장	행정안전부장관
농장	농림축산식품부장관
개특법	개발제한구역의 지정 및 관리에 관한 특별조치법
공취법	공익사업을 위한 토지 등의 취득 및 보상에 관한 법률

PART 01

국토의 계획 및 이용에 관한 법률

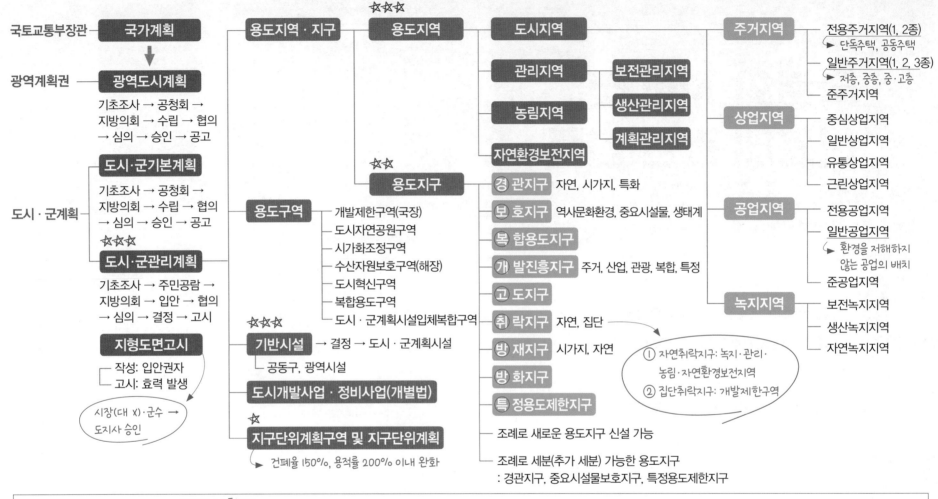

☆☆☆

| 국토교통부장관 | 국가계획 |

광역계획권 ── 광역도시계획

기초조사 → 공청회 →
지방의회 → 수립 → 협의
→ 심의 → 승인 → 공고

도시·군계획

도시·군기본계획

기초조사 → 공청회 →
지방의회 → 수립 → 협의
→ 심의 → 승인 → 공고

☆☆☆
도시·군관리계획

기초조사 → 주민공람 →
지방의회 → 입안 → 협의
→ 심의 → 결정 → 고시

지형도면고시

└ 작성: 입안권자
└ 고시: 효력 발생

시장(대 X)·군수 →
도지사 승인

용도지역·지구

용도구역

개발제한구역(국장)
도시자연공원구역
시가화조정구역
수산자원보호구역(해장)
도시혁신구역
복합용도구역
도시·군계획시설입체복합구역

☆☆☆
기반시설 → 결정 → 도시·군계획시설
└ 공동구, 광역시설

도시개발사업·정비사업(개별법)

☆
지구단위계획구역 및 지구단위계획

→ 건폐율 150%, 용적률 200% 이내 완화

용도지역

도시지역

관리지역 ── 보전관리지역

농림지역 ── 생산관리지역

자연환경보전지역 ── 계획관리지역

☆☆
용도지구

경 관지구　자연, 시가지, 특화
보 호지구　역사문화환경, 중요시설물, 생태계
복 합용도지구
개 발진흥지구　주거, 산업, 관광, 복합, 특정
고 도지구
취 락지구　자연, 집단
방 재지구　시가지, 자연
방 화지구
특 정용도제한지구

① 자연취락지구: 녹지·관리·
   농림·자연환경보전지역
② 집단취락지구: 개발제한구역

─ 조례로 새로운 용도지구 신설 가능

─ 조례로 세분(추가 세분) 가능한 용도지구
   : 경관지구, 중요시설물보호지구, 특정용도제한지구

주거지역

전용주거지역(1, 2종)
└ 단독주택, 공동주택
일반주거지역(1, 2, 3종)
└ 저층, 중층, 중·고층
준주거지역

상업지역

중심상업지역
일반상업지역
유통상업지역
근린상업지역

공업지역

전용공업지역
일반공업지역
└ 환경을 저해하지
   않는 공업의 배치
준공업지역

녹지지역

보전녹지지역
생산녹지지역
자연녹지지역

☆☆
개발행위허가 등

성장관리계획구역
개발밀도관리구역
기반시설부담구역

• 허가권자: 특별시장·광역시장·특별자치시장·특별자치도지사·시장·군수
• 개발행위: 건축물의 건축, 공작물의 설치, 토지의 형질변경, 토석의 채취, 토지분할, 물건을 1개월 이상 쌓아놓는 행위
• 절차: 허가신청 → 의견청취 → (심의) → 조건부허가 → 사업시행 → 준공검사(토지분할, 물건을 쌓아놓는 행위는 제외)
• 성장관리계획구역: 녹지지역·관리지역·농림지역 및 자연환경보전지역 중 개발수요가 많아 무질서한 개발이 진행되고 있거나 진행될 것으로 예상되는 지역
• 개발밀도관리구역: 개발로 인하여 기반시설이 부족할 것으로 예상되나 기반시설을 설치하기 곤란한 구역
• 기반시설부담구역: 개발밀도관리구역 외의 지역으로서 도로, 공원, 녹지 등 기반시설을 설치하기 위하여 지정하는 구역

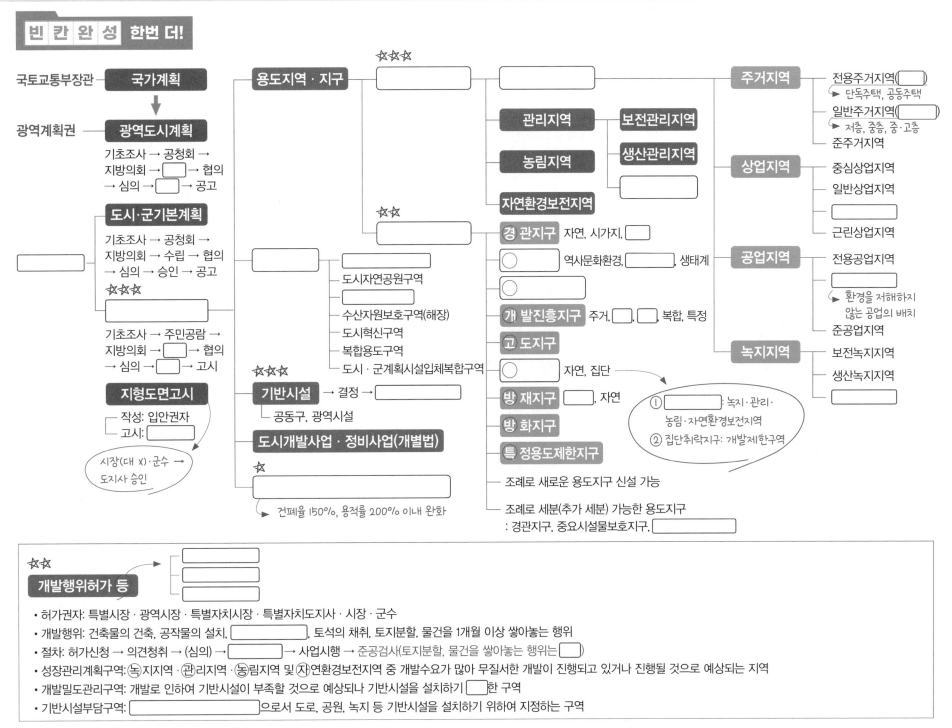

빈칸완성 한번 더!

국토교통부장관 — **국가계획**

광역계획권 — **광역도시계획**
기초조사 → 공청회 →
지방의회 [ ] → 협의
→ 심의 → [ ] → 공고

도시·군기본계획
기초조사 → 공청회 →
지방의회 → 수립 → 협의
→ 심의 → 승인 → 공고

☆☆☆
[ ]
기초조사 → 주민공람 →
지방의회 [ ] → 협의
→ 심의 → [ ] → 고시

지형도면고시
┌ 작성: 입안권자
└ 고시: [ ]

시장(대 X)·군수 →
도지사 승인

[ ]

용도지역·지구

☆☆☆
[ ]

☆☆
[ ]
├ 도시자연공원구역
├ [ ]
├ 수산자원보호구역(해장)
├ 도시혁신구역
├ 복합용도구역
└ 도시·군계획시설입체복합구역

☆☆☆
기반시설 → 결정 → [ ]
└ 공동구, 광역시설

도시개발사업·정비사업(개별법)

☆
[ ]

건폐율 150%, 용적율 200% 이내 완화

관리지역 — 보전관리지역
생산관리지역
농림지역
[ ]
자연환경보전지역

경 관지구 자연, 시가지, [ ]
◯ 역사문화환경, [ ], 생태계
◯ [ ]
개 발진흥지구 주거, [ ], [ ], 복합, 특정
고 도지구
◯ 자연, 집단
방 재지구 [ ], 자연
방 화지구
특 정용도제한지구

├ 조례로 새로운 용도지구 신설 가능
└ 조례로 세분(추가 세분) 가능한 용도지구
: 경관지구, 중요시설물보호지구, [ ]

주거지역 — 전용주거지역([ ])
▶ 단독주택, 공동주택
일반주거지역([ ])
▶ 저층, 중층, 중·고층
준주거지역

상업지역 — 중심상업지역
일반상업지역
[ ]
근린상업지역

공업지역 — 전용공업지역
▶ 환경을 저해하지
않는 공업의 배치
준공업지역

녹지지역 — 보전녹지지역
생산녹지지역
[ ]

① [ ] : 녹지·관리·
농림·자연환경보전지역
② 집단취락지구: 개발제한구역

☆☆
개발행위허가 등 → [ ]
[ ]
[ ]

• 허가권자: 특별시장·광역시장·특별자치시장·특별자치도지사·시장·군수
• 개발행위: 건축물의 건축, 공작물의 설치, [ ], 토석의 채취, 토지분할, 물건을 1개월 이상 쌓아놓는 행위
• 절차: 허가신청 → 의견청취 → (심의) → [ ] → 사업시행 → 준공검사(토지분할, 물건을 쌓아놓는 행위는 [ ])
• 성장관리계획구역: ⓝ지지역·ⓖ리지역·ⓝ림지역 및 ⓳연환경보전지역 중 개발수요가 많아 무질서한 개발이 진행되고 있거나 진행될 것으로 예상되는 지역
• 개발밀도관리구역: 개발로 인하여 기반시설이 부족할 것으로 예상되나 기반시설을 설치하기 [ ]한 구역
• 기반시설부담구역: [ ]으로서 도로, 공원, 녹지 등 기반시설을 설치하기 위하여 지정하는 구역

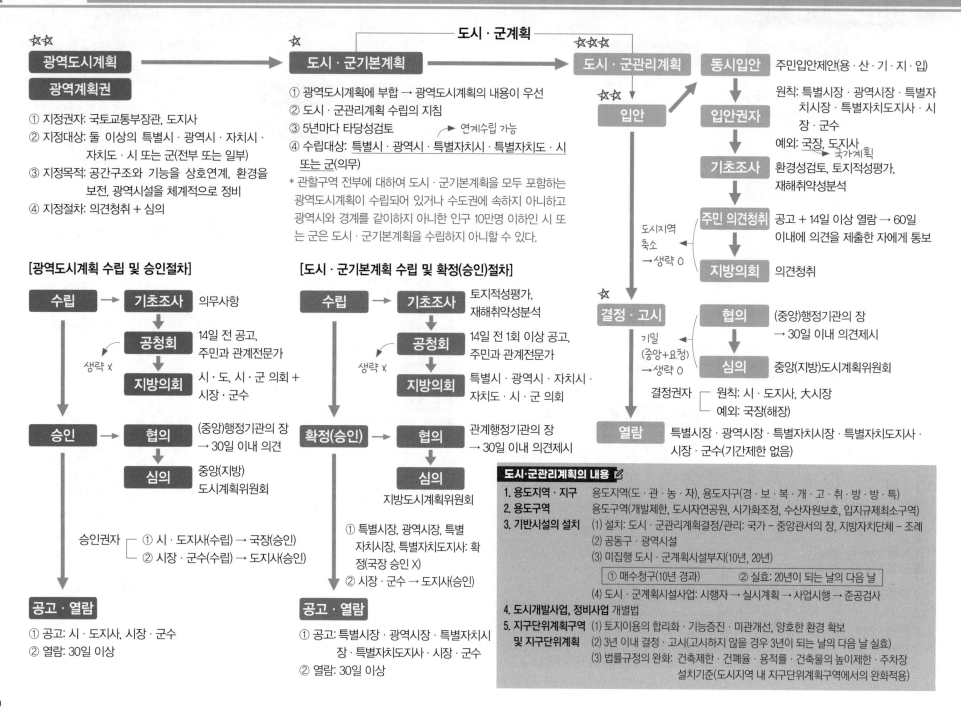

도시·군계획

☆☆ 광역도시계획

광역계획권

① 지정권자: 국토교통부장관, 도지사
② 지정대상: 둘 이상의 특별시·광역시·자치시·자치도·시 또는 군(전부 또는 일부)
③ 지정목적: 공간구조와 기능을 상호연계, 환경을 보전, 광역시설을 체계적으로 정비
④ 지정절차: 의견청취 + 심의

☆ 도시·군기본계획

① 광역도시계획에 부합 → 광역도시계획의 내용이 우선
② 도시·군관리계획 수립의 지침
③ 5년마다 타당성검토 ─→ 연계수립 가능
④ 수립대상: 특별시·광역시·특별자치시·특별자치도·시 또는 군(의무)

* 관할구역 전부에 대하여 도시·군기본계획을 모두 포함하는 광역도시계획이 수립되어 있거나 수도권에 속하지 아니하고 광역시와 경계를 같이하지 아니한 인구 10만명 이하인 시 또는 군은 도시·군기본계획을 수립하지 아니할 수 있다.

☆☆☆ 도시·군관리계획

☆☆ 입안

도시지역 축소 →생략 O

☆ 결정·고시

기밀 (중앙+요청) →생략 O

결정권자 ┬ 원칙: 시·도지사, 大시장
         └ 예외: 국장(해장)

열람 : 특별시장·광역시장·특별자치시장·특별자치도지사·시장·군수(기간제한 없음)

동시입안 : 주민입안제안(용·산·기·지·입)

입안권자

원칙: 특별시장·광역시장·특별자치시장·특별자치도지사·시장·군수

예외: 국장, 도지사 ─→ 국가계획

기초조사 : 환경성검토, 토지적성평가, 재해취약성분석

주민 의견청취 : 공고 + 14일 이상 열람 → 60일 이내에 의견을 제출한 자에게 통보

지방의회 : 의견청취

협의 : (중앙)행정기관의 장 → 30일 이내 의견제시

심의 : 중앙(지방)도시계획위원회

[광역도시계획 수립 및 승인절차]

수립 → **기초조사** : 의무사항

공청회 : 14일 전 공고, 주민과 관계전문가

생략 X

지방의회 : 시·도, 시·군 의회 + 시장·군수

승인 → **협의** : (중앙)행정기관의 장 → 30일 이내 의견

심의 : 중앙(지방) 도시계획위원회

승인권자 ┬ ① 시·도지사(수립) → 국장(승인)
         └ ② 시장·군수(수립) → 도지사(승인)

공고·열람

① 공고: 시·도지사, 시장·군수
② 열람: 30일 이상

[도시·군기본계획 수립 및 확정(승인)절차]

수립 → **기초조사** : 토지적성평가, 재해취약성분석

공청회 : 14일 전 1회 이상 공고, 주민과 관계전문가

생략 X

지방의회 : 특별시·광역시·자치시·자치도·시·군 의회

확정(승인) → **협의** : 관계행정기관의 장 → 30일 이내 의견제시

심의 : 지방도시계획위원회

① 특별시장, 광역시장, 특별자치시장, 특별자치도지사: 확정(국장 승인 X)
② 시장·군수 → 도지사(승인)

공고·열람

① 공고: 특별시장·광역시장·특별자치시장·특별자치도지사·시장·군수
② 열람: 30일 이상

도시·군관리계획의 내용 ✎

1. **용도지역·지구** : 용도지역(도·관·농·자), 용도지구(경·보·복·개·고·취·방·방·특)
2. **용도구역** : 용도구역(개발제한, 도시자연공원, 시가화조정, 수산자원보호, 입지규제최소구역)
3. **기반시설의 설치** :
   (1) 설치: 도시·군관리계획결정/관리: 국가 – 중앙관서의 장, 지방자치단체 – 조례
   (2) 공동구·광역시설
   (3) 미집행 도시·군계획시설부지(10년, 20년)

   | ① 매수청구(10년 경과) | ② 실효: 20년이 되는 날의 다음 날 |

   (4) 도시·군계획시설사업: 시행자 → 실시계획 → 사업시행 → 준공검사
4. **도시개발사업, 정비사업** 개별법
5. **지구단위계획구역 및 지구단위계획** :
   (1) 토지이용의 합리화·기능증진·미관개선, 양호한 환경 확보
   (2) 3년 이내 결정·고시(고시하지 않을 경우 3년이 되는 날의 다음 날 실효)
   (3) 법률규정의 완화: 건축제한·건폐율·용적률·건축물의 높이제한·주차장 설치기준(도시지역 내 지구단위계획구역에서의 완화적용)

빈칸완성 한번 더!

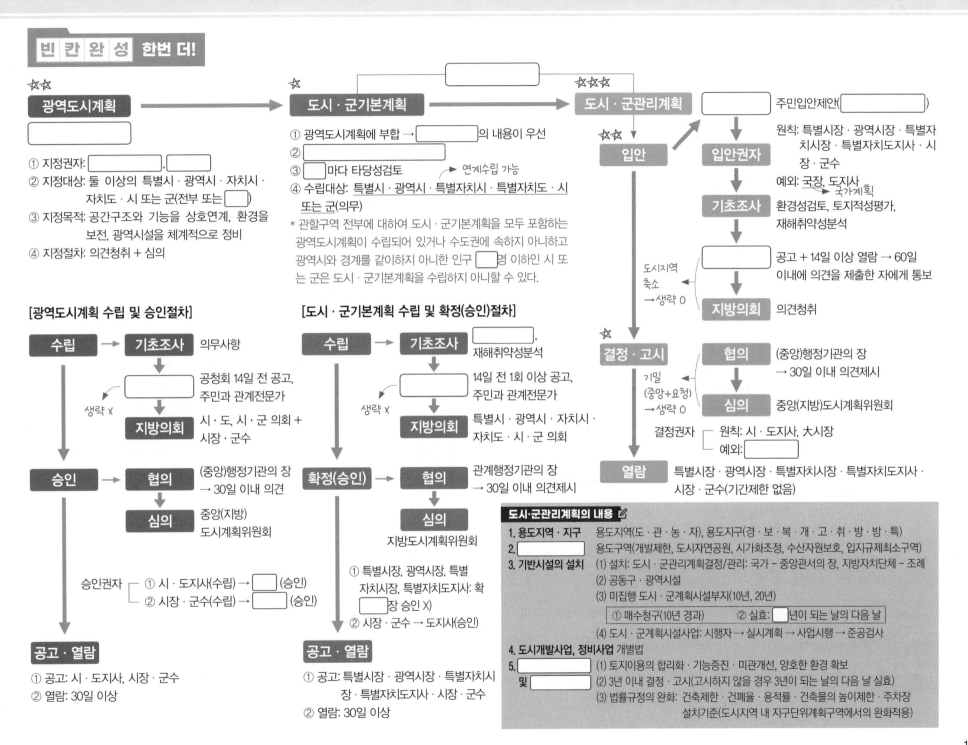

☆☆
광역도시계획

[   ]

① 지정권자: [   ], [   ]
② 지정대상: 둘 이상의 특별시 · 광역시 · 자치시 · 자치도 · 시 또는 군(전부 또는 [   ])
③ 지정목적: 공간구조와 기능을 상호연계, 환경을 보전, 광역시설을 체계적으로 정비
④ 지정절차: 의견청취 + 심의

☆
도시 · 군기본계획

① 광역도시계획에 부합 → [   ]의 내용이 우선
② [   ]
③ [   ]마다 타당성검토   ← 연계수립 가능
④ 수립대상: 특별시 · 광역시 · 특별자치시 · 특별자치도 · 시 또는 군(의무)

* 관할구역 전부에 대하여 도시 · 군기본계획을 모두 포함하는 광역도시계획이 수립되어 있거나 수도권에 속하지 아니하고 광역시와 경계를 같이하지 아니한 인구 [   ]명 이하인 시 또는 군은 도시 · 군기본계획을 수립하지 아니할 수 있다.

☆☆☆
도시 · 군관리계획

주민입안제안([   ])

원칙: 특별시장 · 광역시장 · 특별자치시장 · 특별자치도지사 · 시장 · 군수

☆☆
입안 → **입안권자**

예외: 국장, 도지사 → 국가계획

기초조사
환경성검토, 토지적성평가, 재해취약성분석

[   ]
공고 + 14일 이상 열람 → 60일 이내에 의견을 제출한 자에게 통보

도시지역 축소 → 생략 O

지방의회 의견청취

☆
결정 · 고시

기밀 (중앙+요청) → 생략 O

협의 (중앙)행정기관의 장 → 30일 이내 의견제시

심의 중앙(지방)도시계획위원회

결정권자 ┌ 원칙: 시 · 도지사, 大시장
        └ 예외: [   ]

열람 특별시장 · 광역시장 · 특별자치시장 · 특별자치도지사 · 시장 · 군수(기간제한 없음)

[광역도시계획 수립 및 승인절차]

수립 → **기초조사** 의무사항

[   ]
공청회 14일 전 공고, 주민과 관계전문가

생략 X ↗

지방의회 시 · 도, 시 · 군 의회 + 시장 · 군수

승인 → **협의** (중앙)행정기관의 장 → 30일 이내 의견

심의 중앙(지방) 도시계획위원회

승인권자 ┌ ① 시 · 도지사(수립) → [   ](승인)
        └ ② 시장 · 군수(수립) → [   ](승인)

공고 · 열람
① 공고: 시 · 도지사, 시장 · 군수
② 열람: 30일 이상

[도시 · 군기본계획 수립 및 확정(승인)절차]

수립 → **기초조사** [   ], 재해취약성분석

[   ]
14일 전 1회 이상 공고, 주민과 관계전문가

생략 X ↗

지방의회 특별시 · 광역시 · 자치시 · 자치도 · 시 · 군 의회

확정(승인) → **협의** 관계행정기관의 장 → 30일 이내 의견제시

심의 지방도시계획위원회

① 특별시장, 광역시장, 특별자치시장, 특별자치도지사: 확 [   ]장 승인 X)
② 시장 · 군수 → 도지사(승인)

공고 · 열람
① 공고: 특별시장 · 광역시장 · 특별자치시장 · 특별자치도지사 · 시장 · 군수
② 열람: 30일 이상

도시·군관리계획의 내용 ✎

1. **용도지역 · 지구** 용도지역(도 · 관 · 농 · 자), 용도지구(경 · 보 · 복 · 개 · 고 · 취 · 방 · 방 · 특)
2. **[   ]** 용도구역(개발제한, 도시자연공원, 시가화조정, 수산자원보호, 입지규제최소구역)
3. **기반시설의 설치**
   (1) 설치: 도시 · 군관리계획결정/관리: 국가 – 중앙관서의 장, 지방자치단체 – 조례
   (2) 공동구 · 광역시설
   (3) 미집행 도시 · 군계획시설부지(10년, 20년)
   ① 매수청구(10년 경과)   ② 실효: [   ]년이 되는 날의 다음 날
   (4) 도시 · 군계획시설사업: 시행자 → 실시계획 → 사업시행 → 준공검사
4. **도시개발사업, 정비사업** 개별법
5. **[   ] 및 [   ]**
   (1) 토지이용의 합리화 · 기능증진 · 미관개선, 양호한 환경 확보
   (2) 3년 이내 결정 · 고시(고시하지 않을 경우 3년이 되는 날의 다음 날 실효)
   (3) 법률규정의 완화: 건축제한 · 건폐율 · 용적률 · 건축물의 높이제한 · 주차장 설치기준(도시지역 내 지구단위계획구역에서의 완화적용)

핵심 POINT

POINT 01 용어의 정의 ☆☆

- **광역도시계획** 광역계획권의 장기발전방향 제시
- **도시 · 군기본계획** 도시 · 군관리계획 수립의 지침
- **도시 · 군관리계획의 내용** 개발밀도관리구역 X, 기반시설부담구역 X, 성장관리계획구역 X
- **도시 · 군계획** 도시 · 군기본계획 + 도시 · 군관리계획
- **지구단위계획** 도시 · 군계획 수립 대상지역의 일부 → 전부 X
- **도시 · 군계획시설** 기반시설 중 도시 · 군관리계획으로 결정된 시설
- **도시 · 군계획시설사업** 도시 · 군계획시설을 설치 · 정비 또는 개량하는 사업 → 기반시설 X
- **도시 · 군계획사업** 도시 · 군계획시설사업 + 도시개발사업 + 정비사업

POINT 02 광역계획권 및 광역도시계획 ☆☆

- **지정권자**
  ① 둘 이상의 시 · 도에 걸치는 경우 → 국토교통부장관이 광역계획권을 지정할 수 있다. → 의견청취 + 중앙도시계획위원회 심의
  ② 도의 관할구역에 속하는 경우 → 도지사가 광역계획권을 지정할 수 있다. → 의견청취 + 지방도시계획위원회 심의

- **수립권자**
  ① 둘 이상의 시 · 도의 관할구역에 걸쳐 있는 경우: 시 · 도지사(공동 수립) → 국토교통부장관(승인)
  ② 같은 도의 관할구역에 속하여 있는 경우: 시장, 군수(공동 수립) → 도지사(승인)
  ③ 시 · 도지사 → 3년이 지날 때까지 승인신청(X) → 국장(수립)
  ④ 시장, 군수 → 3년이 지날 때까지 승인신청(X) → 도지사(수립)
  ⑤ 공동수립 ┌ 시 · 도지사(요청) → 시 · 도지사 + 국장(공동 수립)
         └ 시장, 군수(요청) → 시장, 군수 + 도지사(공동 수립) → 국장 승인(X)
  ⑥ 단독수립: 시장, 군수(협의 + 요청) → 도지사(단독 수립) → 국장 승인(X)

- **수립절차** (단독 O, 공동 O)
  ① 기초조사정보체계를 구축한 경우에는 등록된 정보의 현황을 5년마다 확인하고 변동사항을 반영하여야 한다.
  ② 공청회(주민과 관계전문가 의견청취) 개최의무(생략 X)

- **조정신청**
  ┌ 시 · 도지사(협의 X) → 국장 ┐ 재협의 권고 (단독 O, 공동 X)
  └ 시장, 군수(협의 X) → 도지사 ┘

POINT 03 도시 · 군기본계획 ☆

- **수립권자** 특별시장 · 광역시장 · 특별자치시장 · 특별자치도지사 · 시장 · 군수(6명만)
- **확정 및 승인**
  ┌ 특별시장, 광역시장, 특별자치시장, 특별자치도지사 → 확정
  └ 시장, 군수 → 도지사 승인 ▶ 국장의 승인 X

- **다음의 어느 하나에 해당하는 시 또는 군은 도시 · 군기본계획을 수립하지 아니할 수 있다.**
  ① 수도권에 속하지 아니하고 광역시와 경계를 같이하지 아니한 인구 10만명 이하인 시 또는 군
  ② 관할구역 전부에 대하여 광역도시계획이 수립되어 있는 시 또는 군으로서 광역도시계획에 도시 · 군기본계획에 포함될 사항이 모두 포함되어 있는 시 또는 군

- **연계수립** 인접한 관할구역의 전부 또는 일부를 포함하여 도시 · 군기본계획을 수립할 수 있다.
- **수립기준** 국토교통부장관이 정한다.
- **기초조사** 토지적성평가 + 재해취약성분석 → 5년 이내 실시한 경우에는 토지적성평가 + 재해취약성분석 생략 가능
- **공청회** 도시 · 군기본계획을 수립하거나 변경하려면 주민과 관계전문가로부터 의견을 들어야 한다(생략 X).
- **타당성검토** 도시 · 군기본계획은 5년마다 타당성을 전반적으로 재검토하여 정비하여야 한다.
- **우선적용** 도시 · 군기본계획의 내용이 광역도시계획의 내용과 다를 때에는 광역도시계획의 내용이 우선한다.

POINT 04 도시 · 군관리계획 ☆☆☆

- **입안권자**
  - **원칙** 특별시장, 광역시장, 특별자치시장, 특별자치도지사, 시장, 군수
  - **예외** ┬ 국장(① 국가계획, ② 둘 이상의 시 · 도에 걸치는 용도지역 등, ③ 국장의
          │   조정요구에 따라 정비하지 아니하는 경우)
          └ 도지사(① 둘 이상의 시 · 군에 걸치는 용도지역 등, ② 도지사가 직접 수
              립하는 사업계획)

- **주민의 입안제안(면적기준은 국공유지 제외)** [암기 TIP] 용 · 산 · 기 · 지 · 입

  ┌───
  │ ① ㉖ 반시설 설치 · 정비 · 개량: 토지면적의 5분의 4 이상 동의
  │ ② ㉓ 구단위계획구역 및 지구단위계획: 토지면적의 3분의 2 이상 동의
  │ ③ ㉕ 업 · 유통개발진흥지구: 토지면적의 3분의 2 이상 동의
  │ ④ ㉛ 도지구 중 용도지구에서의 건축제한 등을 지구단위계획으로 대체하기 위한 용도지구:
  │   토지면적의 3분의 2 이상 동의
  │ ⑤ ㉗ 시 · 군계획시설입체복합구역의 지정 및 변경과 도시 · 군계획시설입체복합구역의 건
  │   축제한 · 건폐율 · 용적률 · 높이 등에 관한 사항
  │ → 산업 · 유통개발진흥지구 지정요건
  │   ┬ ① 면적은 1만㎡ 이상 3만㎡ 미만일 것
  │   ├ ② 계획관리, 생산관리, 자연녹지지역일 것
  │   └ ③ 계획관리지역이 전체 면적의 100분의 50 이상일 것
  │ → 45일 이내에 반영 여부 통보(1회에 한하여 30일 연장 가능)
  │ → 도시 · 군관리계획의 입안을 제안받은 자는 도시 · 군관리계획의 입안 및 결정에 필요한
  │   비용의 전부 또는 일부를 제안자에게 부담시킬 수 있다.
  └───

- **기초조사** 환경성검토 + 토지적성평가 + 재해취약성분석
- **도시지역 축소** 주민 및 지방의회 의견청취 생략 가능
- **동시입안** 도시 · 군관리계획은 광역도시계획이나 도시 · 군기본계획과 함께 입안할 수 있다.
- **국장이 결정**
  - ① 국장이 입안
  - ② 개발제한구역
  - ③ 국가계획과 연계하여 지정하는 시가화조정구역
- **해양수산부장관이 결정** 수산자원보호구역
- 시장 · 군수가 지구단위계획구역과 지구단위계획을 입안하면 시장 · 군수가 직접 결정한다.
- **효력발생시기** 지형도면을 고시한 날부터 효력발생, 5년마다 타당성검토
- **기득권보호** 시가화조정구역, 수산자원보호구역 = 착수 + 신고(3개월 이내)

POINT 05 기초조사 등의 생략가능사유 ☆☆

환경성검토, 토지적성평가, 재해취약성분석을 생략할 수 있는 사유

┌───
│ ① 지구단위계획구역이 도심지(상업지역과 상업지역에 연접한 지역)에 위치하는 경우
│ ② 지구단위계획구역 안의 나대지 면적이 구역 면적의 2%에 미달하는 경우
│ ③ 해당 지구단위계획구역 또는 도시 · 군계획시설 부지가 다른 법률에 따라 지역 · 지구 등
│   으로 지정되거나 개발계획이 수립된 경우
│ ④ 지구단위계획의 내용에 너비 12m 이상 도로의 설치계획이 없는 경우
│ ⑤ 기존의 용도지구를 폐지하고 지구단위계획을 수립 또는 변경하여 그 용도지구에 따른
│   건축물이나 그 밖의 시설의 용도 · 종류 및 규모 등의 제한을 그대로 대체하려는 경우
│ ⑥ 해당 도시 · 군계획시설의 결정을 해제하려는 경우
└───

토지적성평가만 생략할 수 있는 사유

┌───
│ ① 입안일부터 5년 이내에 토지적성평가를 실시한 경우
│ ② 주거지역, 상업지역, 공업지역에 도시 · 군관리계획을 입안하는 경우
│ ③ 「도시개발법」에 따른 도시개발사업의 경우
│ ④ 지구단위계획구역 또는 도시 · 군계획시설 부지에서 도시 · 군관리계획을 입안하는 경우
│ ⑤ 개발제한구역에 기반시설을 설치하는 경우
│ ⑥ 개발제한구역에서 조정 또는 해제된 지역에 대하여 도시 · 군관리계획을 입안하는 경우
└───

비교정리 ✎

구 분	광역도시계획	도시 · 군기본계획	도시 · 군관리계획
기초조사	기초조사정보체계 (5년마다 반영)	• 토지적성평가 • 재해취약성분석	• 환경성검토 • 토지적성평가 • 재해취약성분석
타당성검토	X	O	O

핵심 POINT

목표정답수 총 13문제 중 12문제

POINT 06 용도지역의 지정 ☆

용도지역의 지정의제

① 공유수면의 매립목적과 이웃하고 있는 용도지역의 내용과 같으면 → 매립준공구역은 이웃하고 있는 용도지역으로 지정된 것으로 본다.

② 공유수면 매립목적이 이웃하고 있는 용도지역의 내용과 다른 경우 및 둘 이상의 용도지역에 걸쳐 있거나 이웃하고 있는 경우 → 도시·군관리계획 결정으로 지정하여야 한다.

도시지역으로 결정·고시의제

① 항만구역으로서 도시지역에 연접한 공유수면

② 어항구역으로서 도시지역에 연접한 공유수면

③ 국가산업단지·일반산업단지 및 도시첨단산업단지

④ 택지개발지구

⑤ 전원개발사업구역 및 예정구역(수력발전소 및 송·변전설비만 설치하기 위한 구역은 제외)

추가 ✎ 개발사업 완료로 해제되면 지정 이전의 용도지역으로 환원 (X)

관리지역에서의 결정·고시 의제

① 관리지역 + 농업진흥지역 = 농림지역으로 결정·고시(의제)

② 관리지역 + 보전산지 = 농림지역 또는 자연환경보전지역으로 결정·고시(의제)

용도지역 미지정(세분)지역에서의 행위제한

① 용도지역 미지정지역에서의 행위제한 → 자연환경보전지역에 관한 규정을 적용한다.

② 도시지역이 미세분된 경우의 행위제한 → 보전녹지지역에 관한 규정을 적용한다.

③ 관리지역이 미세분된 경우의 행위제한 → 보전관리지역에 관한 규정을 적용한다.

추가 ✎ 도시지역에서 적용배제

① 「도로법」에 따른 접도구역

② 「농지법」에 따른 농지취득자격증명. 다만, 녹지지역 + 도시·군계획사업에 필요하지 아니한 경우에는 적용한다.

POINT 07 용도지역에서의 건축제한 ☆☆☆

cf) 주거지역 중 아파트 건축 가능지역: 2종 전용주거지역, 2·3종 일반주거지역, 준주거지역

구 분	제1종 일반주거지역 (4층 이하의 건축물만 해당)	제2종·제3종 일반주거지역
건축할 수 있는 건축물	① 단독주택 ② 공동주택(아파트는 제외) ③ 제종 근린생활시설 ④ 교육연구시설 중 유치원·초등학교·중학교 및 고등학교 ⑤ 노유자시설	① 단독주택 ② 공동주택 ③ 제1종 근린생활시설 ④ 종교시설 ⑤ 교육연구시설 중 유치원·초등학교·중학교 및 고등학교 ⑥ 노유자시설
도시·군계획조례가 정하는 바에 따라 건축할 수 있는 건축물	① 제2종 근린생활시설(단란주점 및 안마시술소는 제외) ② 문화 및 집회시설(공연장 및 관람장은 제외) ③ 종교시설 ④ 의료시설(격리병원은 제외) ⑤ 운동시설(옥외 철탑이 설치된 골프연습장은 제외) ⑥ 업무시설 중 오피스텔로서 그 용도에 쓰이는 바닥면적의 합계가 3,000㎡ 미만인 것 ⑦ 창고시설 ⑧ 위험물저장 및 처리시설 중 주유소, 석유판매소, 액화가스 취급소·판매소, 도료류 판매소 ⑨ 자동차 관련 시설 중 주차장 및 세차장 ⑩ 동물 및 식물 관련 시설 중 화초 및 분재 등의 온실 ⑪ 교정시설 ⑫ 국방·군사시설 ⑬ 방송통신시설 ⑭ 발전시설 ⑮ 야영장시설	① 제2종 근린생활시설(단란주점 및 안마시술소는 제외) ② 문화 및 집회시설(관람장은 제외) ③ 의료시설(격리병원은 제외) ④ 운동시설 ⑤ ┌ 2종: 오피스텔, 사무소, 공공업무 시설+3,000㎡ 미만 └ 3종: 업무시설+3,000㎡ 이하 ⑥ 공장 ⑦ 창고시설 ⑧ 위험물저장 및 처리시설 중 주유소, 석유판매소, 액화가스 취급소·판매소, 도료류 판매소 ⑨ 자동차 관련 시설 중 차고 및 주기장과 주차장 및 세차장 ⑩ 동물 및 식물 관련 시설 중 작물재배사, 종묘배양시설, 화초 및 분재 등의 온실 ⑪ 교정시설 ⑫ 국방·군사시설 ⑬ 방송통신시설 ⑭ 발전시설 ⑮ 야영장시설

POINT 08 건폐율 및 용적률의 최대한도 ☆☆☆

건폐율 및 용적률의 최대한도

구 분		세분된 용도지역	건폐율	용적률
도시지역	주거지역	제1종 전용주거지역	50%	100%
		제2종 전용주거지역	50%	150%
		제1종 일반주거지역	60%	200%
		제2종 일반주거지역	60%	250%
		제3종 일반주거지역	50%	300%
		준주거지역	70%	500%
	상업지역	중심상업지역	90%	1,500%
		일반상업지역	80%	1,300%
		유통상업지역	80%	1,100%
		근린상업지역	70%	900%
	공업지역	전용공업지역	70%	300%
		일반공업지역	70%	350%
		준공업지역	70%	400%
	녹지지역	보전녹지지역	20%	80%
		생산녹지지역	20%	100%
		자연녹지지역	20%	100%
관리지역		보전관리지역	20%	80%
		생산관리지역	20%	80%
		계획관리지역	40%	100%
농림지역		–	20%	80%
자연환경보전지역		–	20%	80%

건폐율 특별규정(조례로 정하는 비율)

① 자연취락지구: 60% 이하,   ② 도시지역 외의 지역에 지정된 개발진흥지구: 40% 이하,
③ 자연녹지지역에 지정된 개발진흥지구: 30% 이하,   ④ 수산자원보호구역: 40% 이하,
⑤ 자연공원: 60% 이하,   ⑥ 농공단지: 70% 이하,
⑦ 공업지역에 있는 국가산업단지, 일반산업단지, 도시첨단산업단지 및 준산업단지: 80% 이하

용적률 특별규정(조례로 정하는 비율)

① 도시지역 외의 지역에 지정된 개발진흥지구: 100% 이하   ② 수산자원보호구역: 80% 이하
③ 자연공원: 100% 이하   ④ 농공단지(도시지역 외의 지정된 경우에 한함): 150% 이하

POINT 09 용도지구 ☆☆

용도지구의 세분
① 경관지구(㉔연, ㉗가지, ㉗화), 보호지구(㉖사문화환경, ㉗요시설물, ㉗태계)
② 개발진흥지구(㉗거, ㉗업 · 유통, ㉗광 · 휴양, ㉗합, ㉗정)
③ 취락지구(㉔연, ㉗단), 방재지구(㉗가지, ㉔연)

조례에 의한 세분 또는 추가세분 경관지구, 중요시설물보호지구 및 특정용도제한지구

용도지구에서의 건축제한

원칙 도시 · 군계획조례

예외
① 복합용도지구 ㉠ 일반주거지역: 안마시술소, 관람장, 공장, 위험물 저장 및 처리시설, 동물 및 식물 관련 시설, 장례시설을 건축할 수 없다. [암기TIP] 마관동 공장을
　㉡ 일반공업지역: 아파트, 단란주점 및 안마시술소, 노유자 시설을 건축할 수 없다. [암기TIP] 노란파마
　㉢ 계획관리지역: 판매시설, 유원시설업의 시설을 건축할 수 있다.

② 개발진흥지구 ㉠ 지구단위계획 또는 개발계획을 수립하는 경우 → 지구단위계획 또는 개발계획
　㉡ 지구단위계획 또는 개발계획이 수립되기 전 → 조례
　㉢ 지구단위계획 또는 개발계획이 수립하지 아니하는 개발진흥지구 → 해당 용도지역에 허용하는 건축물을 건축할 수 있다.

③ 고도지구: 도시 · 군관리계획으로 정하는 높이를 초과하는 건축물을 건축할 수 없다.

④ 자연취락지구: 녹지지역, 관리지역, 농림지역, 자연환경보전지역
　→ 4층 이하 + [단독주택(단독주택, 다중주택, 다가구주택, 공관), 제1종 근린생활시설, 제2종 근린생활시설(휴게음식점, 제과점, 일반음식점, 단란주점, 안마시술소는 제외), 운동시설, 동물 및 식물 관련 시설, 방송통신시설, 발전시설, 창고(농업 · 임업 · 축산업 · 수산업)], 교정시설, 국방 · 군사시설을 건축할 수 있다.

노래연습장은 설치 가능

⑤ 집단취락지구: 개발제한구역(개발제한구역의 지정 및 관리에 관한 특별조치법)

추가 ✎
용도지역 · 용도지구 안에서의 도시 · 군계획시설에 대하여는 용도지역 · 용도지구 안의 건축제한에 관한 규정을 적용하지 아니한다.

목표정답수 총 13문제 중 12문제

POINT 10 용도구역 ✩

MEMO

개발제한구역 국토교통부장관 + 보안상 도시의 개발을 제한

도시자연공원구역 시 · 도지사, 대도시 시장 + 식생이 양호한 산지의 개발을 제한

시가화조정구역 시 · 도지사, 국토교통부장관(국가계획과 연계 시)

— 지정목적: 무질서한 시가화 방지 + 계획적 · 단계적 개발을 도모
— 시가화 유보기간: 5년 ~ 20년 이내
— 실효: 시가화 유보기간이 끝나는 날의 다음날
— 도시 · 군계획사업: ① 국방상 · 공익상 불가피한 것 + ② 중앙행정기관의 장의 요청 +
　　　　　　　　　　 ③ 국장이 인정하는 사업만 시행할 수 있다.
— 비도시 · 군계획사업: 허가(O) → 주택의 증축(기존 면적 포함 100㎡ 이하)

수산자원보호구역 해양수산부장관 + 수산자원을 보호 · 육성(공유수면)

도시혁신구역

— **지정권자** 공간재구조화계획 결정권자

— **지정대상** ① 도시 · 군기본계획에 따른 도심 · 부도심 또는 생활권의 중심지역
　　　　　　　② 철도역사, 터미널 등의 기반시설 중 지역의 거점 역할을 수행하는 시설을 중심
　　　　　　　　으로 주변지역을 집중적으로 정비할 필요가 있는 지역

— **협의기간** 협의요청을 받은 기관의 장은 요청을 받은 날부터 10일 이내에 의견을 회신하여야
　　　　　　 한다.

— **지정제한** 다른 법률에서 공간재구조화계획의 결정을 의제하고 있는 경우에도 이 법에 따
　　　　　　 르지 아니하고 도시혁신구역의 지정과 도시혁신계획을 결정할 수 없다.

— **적용특례** 도시혁신구역에 대하여는 다음의 법률 규정에도 불구하고 도시혁신계획으로 따
　　　　　　 로 정할 수 있다.

① 부설주차장의 설치	복리시설의 설치기준 및 대지조성
② 건축물에 대한 미술작품의 설치	기준
③ 공개공지 등의 확보	⑤ 도시공원 또는 녹지 확보기준
④ 주택법에 따른 주택의 배치, 부대 ·	⑥ 학교용지의 조성 · 개발 기준

— **지정의제** 도시혁신구역으로 지정된 지역은 특별건축구역으로 지정된 것으로 본다.

— **건축기준의 특례** 시 · 도지사 또는 시장 · 군수 · 구청장은 「건축법」에도 불구하고 도시혁신구역에
　　　　　　서 건축하는 건축물을 건축기준 등의 특례사항을 적용하여 건축할 수 있는 건축
　　　　　　물에 포함시킬 수 있다.

핵심 OX 지문

광역도시계획 및 도시·군계획

01 중앙행정기관의 장, 시·도지사, 시장 또는 군수는 국토교통부장관이나 도지사에게 광역계획권의 변경을 요청할 수 있다. ( )

02 국토교통부장관은 시·도지사가 요청하는 경우에도 시·도지사와 공동으로 광역도시계획을 수립할 수 없다. ( )

03 광역도시계획을 공동으로 수립하는 시·도지사는 그 내용에 관하여 서로 협의가 되지 아니하면 공동이나 단독으로 국토교통부장관에게 조정을 신청할 수 있다. ( )

04 용도지구의 지정은 도시·군관리계획으로 결정한다. ( )

05 광역계획권은 광역시장이 지정할 수 있다. ( )

06 광역도시계획의 수립을 위한 공청회는 광역계획권 단위로 개최하되, 필요한 경우에는 광역계획권을 여러 개의 지역으로 구분하여 개최할 수 있다. ( )

07 도지사는 시장 또는 군수가 협의를 거쳐 요청하는 경우에는 단독으로 광역도시계획을 수립할 수 있다. ( )

08 도시지역에 대해 세부 용도지역이 지정되지 아니한 경우 건폐율에 대해서는 자연녹지지역에 관한 규정을 적용한다. ( )

09 「수도권정비계획법」에 따른 수도권에 속하지 아니하고 광역시와 경계를 같이하지 아니하는 인구 7만명의 군은 도시·군기본계획을 수립하지 아니할 수 있다. ( )

10 광역시장이 도시·군기본계획을 수립하려면 국토교통부장관의 승인을 받아야 한다. ( )

11 도시·군기본계획 입안일부터 5년 이내에 토지적성평가를 실시한 경우에는 토지적성평가를 하지 아니할 수 있다. ( )

12 시장 또는 군수는 인접한 시 또는 군의 관할구역을 포함하여 도시·군기본계획을 수립하려면 미리 그 시장 또는 군수와 협의하여야 한다. ( )

13 광역도시계획이 수립되어 있는 지역에 대하여 수립하는 도시·군기본계획의 내용이 광역도시계획의 내용과 다를 때에는 도시·군기본계획의 내용이 우선한다. ( )

14 산업·유통개발진흥지구의 지정 및 변경에 관한 사항은 주민의 입안제안의 대상에 해당하지 않는다. ( )

15 시장 또는 군수가 입안한 지구단위계획구역의 지정·변경에 관한 도시·군관리계획은 시장 또는 군수가 직접 결정한다. ( )

16 개발제한구역의 지정에 관한 도시·군관리계획은 국토교통부장관이 결정한다. ( )

17 도시·군관리계획결정의 효력은 지형도면을 고시한 날부터 발생한다. ( )

18 특별시장·광역시장·특별자치시장·특별자치도지사·시장 또는 군수는 도시·군관리계획에 대하여 10년마다 타당성을 전반적으로 재검토하여 이를 정비하여야 한다. ( )

19 「택지개발촉진법」에 따른 택지개발지구로 지정·고시된 지역은 국토의 계획 및 이용에 관한 법률에 따른 도시지역으로 결정·고시된 것으로 본다. ( )

20 자연취락지구 안에서는 4층 이하의 방송통신시설을 건축할 수 있다. ( )

✔ 정답

01 ○   02 X 국토교통부장관은 시·도지사가 요청하는 경우에는 시·도지사와 공동으로 광역도시계획을 수립할 수 있다.   03 ○   04 ○   05 X 광역계획권은 국토교통부장관 또는 도지사가 지정한다.

06 ○   07 ○   08 X 자연녹지지역이 아니라 보전녹지지역에 관한 규정을 적용한다.   09 ○   10 X 광역시장이 도시·군기본계획을 수립하려면 국토교통부장관의 승인을 받지 않고 확정한다.   11 ○

12 ○   13 X 광역도시계획의 내용이 우선한다.   14 X 주민은 산업·유통개발진흥지구의 지정 및 변경에 관한 사항에 대하여 입안을 제안할 수 있다.   15 ○   16 ○   17 ○   18 X 5년마다 타당성을

재검토하여 이를 정비하여야 한다.   19 ○   20 ○

→ 주차장, 사회복지시설, 장사시설, 종합의료시설, 빗물저장 및 이용시설, 폐차장은 도시·군관리계획으로 결정 X ☆☆

도시 · 군계획시설 결정 · 고시

① 원칙: 시 · 도지사 또는 大시장
② 예외: 국장

단계별 집행계획수립 → 입안권자

① 대상: 도시 · 군계획시설
② 기간: 결정 · 고시일로부터 3개월 이내
③ 구분: 1단계(3년 이내), 2단계(3년 이후)
④ 절차: 협의 + 지방의회 의견청취 → 수립 → 공고
⑤ 내용: 재원조달계획, 보상계획

사업시행자

┌ 행정청 ┬ 원칙: 관할구역의 장(6명)
│   │   └ 협의(X): 국장 또는 도지사가
│   │   시행자를 지정한다.
│   └ 예외: 국장 → 국가계획,
│   도지사 → 광역도시계획
└ 비행정청 — 지정받은 자: 민간사업시행자(면적 2/3 이상 소유 + 총수 1/2 이상 동의)

실시계획 작성 및 인가신청

① 사업시행자 작성의무
② 인가권자
   ┌ 원칙: 시 · 도지사 또는 大시장
   └ 예외: 국장(국장이 지정한 시행자)

실시계획인가 · 고시

① 인가절차: 공고+14일 이상 열람
② 조건부 인가(기 · 위 · 환 · 경 · 조)
③ 이행보증금 예치(국가, 지방자치단체, 공공기관 등은 제외)
④ 경미한 변경: 인가받지 않아도 된다.
   → 사업구역 경계의 변경이 없는 범위 안에서 연면적 10% 미만 변경
⑤ 실시계획의 실효

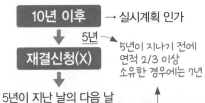

```
10년 이후   → 실시계획 인가
    ↓   5년
         ┌ 5년이 지나기 전에
재결신청(X) ┤ 면적 2/3 이상
         └ 소유한 경우에는 7년
    ↓
5년이 지난 날의 다음 날
```

사업시행

1. 시행자 보호규정
① 사업의 분할시행
② 서류의 무료 열람
③ 서류의 공시송달(비행정청: 국장, 시 · 도지사, 大시장 승인)
④ 행정심판: 비행정청 → 시행자를 지정한 자
⑤ 공 · 취 · 법을 준용

📝 **공·취·법의 특례**
㉠ 실시계획 고시 → 사업인정 및 고시(의제)
㉡ 재결신청기간 → 사업시행기간(1년 이내 X)

2. 필요한 토지 등은 수용 가능
3. 인접한 토지 등은 일시사용만 가능(수용 X)
4. 국공유지 매각금지 → 위반 시 무효

준공검사

① 시 · 도지사 또는 大시장(국장 X)
② 준공검사증명서 발급

공사완료공고

① 시 · 도지사 또는 大시장 → 공보와 인터넷 홈페이지
② 국장 → 관보와 인터넷 홈페이지

📝 도시·군계획시설결정의 실효 ☆☆☆

도시 · 군계획시설결정이 고시된 도시 · 군계획시설에 대하여 그 고시일부터 20년이 지날 때까지 그 시설의 설치에 관한 도시 · 군계획시설사업이 시행되지 아니하는 경우 그 도시 · 군계획시설결정은 그 고시일부터 20년이 되는 날의 다음 날에 그 효력을 잃는다.

📝 지방의회의 해제권고

해제권고	보고주체	지방자치단체의 장(6명)은 도시 · 군계획시설결정의 고시일부터 10년이 지날 때까지 사업이 시행되지 아니한 경우에는 지방의회의 정례회 또는 임시회의기간 중에 이를 보고하여야 한다.
	보고기간	① 지방의회의 해제권고 → 90일 이내에 해제를 권고하는 서면을 지방자치단체의 장에게 송부 ② 해제되지 아니한 시설 → 2년마다 지방의회에 보고
해제결정		① 해제권고받은 지방자치단체의 장 → 1년 이내에 해제를 위한 결정 ② 지방자치단체의 장이 해제할 수 없다고 인정 → 6개월 이내에 소명
결정신청		시장 · 군수 → 도지사에게 결정신청

📝 도시·군계획시설부지의 매수청구 ☆☆☆

1. 매수청구자	도시 · 군관리계획의 결정의 고시일로부터 10년 이내에 도시 · 군계획시설사업이 시행되지 아니한 경우(실시계획의 인가가 진행된 경우는 제외) 지목이 대(垈)인 토지(건축물 및 정착물을 포함)의 소유자
2. 매수의무자	(1) 특별시장 · 광역시장 · 특별자치시장 · 특별자치도지사 · 시장 · 군수 (2) 사업시행자 (3) 설치 · 관리의무자(서로 다른 경우에는 설치의무자)
3. 매수 여부 결정 및 통지	(1) 매수청구가 있는 날부터 6개월 이내에 매수 여부를 결정 → 토지소유자에게 통지 (2) 매수결정을 통지한 날로부터 2년 이내에 매수하여야 한다.
4. 매수대금의 지급	(1) 원칙: 현금 (2) 예외: 도시 · 군계획시설채권(매수의무자가 지방자치단체)
	① 토지소유자가 원하는 경우 ② 부재부동산 소유자의 토지 또는 비업무용 토지로서 매수대금이 3천만원을 초과하여 그 초과하는 금액을 지급하는 경우
	(3) 상환기간 및 이율: 상환기간은 10년 이내로 하며, 이율은 1년 만기 정기예금금리의 평균 이상으로 하되 구체적인 상환기간과 이율은 조례로 정한다. (4) 「지방재정법」 준용: 채권의 발행절차에 관한 사항은 「지방재정법」에 따른다.
5. 매수가격 및 절차	공 · 취 · 법 준용 → 다중주택 X, 다가구주택 X, 공관 X
6. 매수거부 · 지연 시 조치	(1) 3층 이하의 단독주택, 3층 이하의 1종 근린생활시설, 3층 이하의 2종 근린생활시설(단란주점, 안마시술소, 노래연습장, 다중생활시설은 제외), 공작물 설치 가능 (2) 개발행위가의 기준을 적용하지 아니한다.

빈칸완성 한번 더!

▶ 주차장, [　　　　　], 장사시설, 종합의료시설, 빗물저장 및 이용시설, 폐차장은 도시·군관리계획으로 결정 X ☆☆

도시·군계획시설 결정·고시

① 원칙: 시·도지사 또는 大시장
② 예외: 국장

[　　　　　] → 입안권자

① 대상: 도시·군계획시설
② 기간: 결정·고시일로부터 3개월 이내
③ 구분: 1단계(3년 이내), 2단계(3년 이후)
④ 절차: 협의 + 지방의회 의견청취 → 수립
　　　→ 공고
⑤ 내용: 재원조달계획, 보상계획

☆☆

사업시행자

행정청 ┬ 원칙: 관할구역의 장(6명)
　　　└ 협의(X): 국장 또는 도지사가
　　　　　　시행자를 지정한다.
　예외: 국장 → [　　　　　]
　　　도지사 → 광역도시계획
비행정청 ― 지정받은 자: [　　　　　](면적 2/3 이상 소유 + 총수 [　　]동의)

실시계획 작성 및 인가신청

① 사업시행자 작성의무
② 인가권자
　┬ 원칙: 시·도지사 또는 大시장
　└ 예외: 국장(국장이 지정한 시행자)

☆

실시계획인가·고시

① 인가절차: 공고+14일 이상 열람
② [　　　　　](기·위·환·경·조)
③ 이행보증금 예치(국가, 지방자치단체, 공공기관 등은 [　　])
④ 경미한 변경: 인가받지 않아도 된다.
　▶ 사업구역 경계의 변경이 [　] 범위 안에서 연면적 10% 미만 변경
⑤ 실시계획의 실효

[10년 이후] → 실시계획 인가

　　5년
[재결신청(X)]
　5년이 지나기 전에 면적 2/3 이상 소유한 경우에는 7년

5년이 지난 날의 다음 날

사업시행

1. 시행자 보호규정
① 사업의 [　　　]
② 서류의 무료 열람
③ 서류의 공시송달(비행정청: 국장, 시·도지사, 大시장 승인)
④ 행정심판: 비행정청 → 시행자를 지정한 자
⑤ 공·취·법을 준용

📝 공·취·법의 특례
㉠ [　　　　　] → 사업인정 및 고시(의제)
㉡ 재결신청기간 → 사업시행기간(1년 이내 X)

2. 필요한 토지 등은 수용 가능
3. 인접한 토지 등은 [　　　]만 가능(수용 X)
4. 국공유지 매각금지 → 위반 시 무효

준공검사

① 시·도지사 또는 大시장(국장 X)
② 준공검사증명서 발급

공사완료공고

① 시·도지사 또는 大시장 → 공보와 인터넷 홈페이지
② 국장 → 관보와 인터넷 홈페이지

도시·군계획시설결정의 실효 📝 ☆☆☆

도시·군계획시설결정이 고시된 도시·군계획시설에 대하여 그 고시일부터 20년이 지날 때까지 그 시설의 설치에 관한 도시·군계획시설사업이 시행되지 아니하는 경우 그 도시·군계획시설결정은 그 고시일부터 20년이 되는 날의 [　　　　] 그 효력을 잃는다.

📝 지방의회의 해제권고

해제권고	보고주체	지방자치단체의 장(6명)은 도시·군계획시설결정의 고시일부터 10년이 지날 때까지 사업이 시행되지 아니한 경우에는 지방의회의 정례회 또는 임시회의기간 중에 이를 보고하여야 한다.
	보고기간	① 지방의회의 해제권고 → 90일 이내에 해제를 권고하는 서면을 지방자치단체의 장에게 송부 ② 해제되지 아니한 시설 → 2년마다 지방의회에 보고
해제결정		① 해제권고받은 지방자치단체의 장 → [　　　]에 해제를 위한 결정 ② 지방자치단체의 장이 해제할 수 없다고 인정 → [　　　]에 소명
결정신청	시장·군수 → [　　　]에게 결정신청	

도시·군계획시설부지의 매수청구 📝 ☆☆☆

1. 매수청구자	도시·군관리계획의 결정의 고시일로부터 [　　] 이내에 도시·군계획시설사업이 시행되지 아니한 경우(실시계획의 인가가 진행된 경우는 제외) 지목이 [　　]인 토지([　　] 및 정착물을 포함)의 소유자
2. 매수의무자	(1) 특별시장·광역시장·특별자치시장·특별자치도지사·시장·군수 (2) 사업시행자 (3) 설치·관리의무자(서로 다른 경우에는 설치의무자)
3. 매수 여부 결정 및 통지	(1) 매수청구가 있은 날부터 [　　] 이내에 매수 여부를 결정 → 토지소유자에게 통지 (2) 매수결정을 통지한 날로부터 [　　] 이내에 매수하여야 한다.
4. 매수대금의 지급	(1) 원칙: 현금 (2) 예외: 도시·군계획시설채권(매수의무자가 [　　　])

　① 토지소유자가 원하는 경우
　② 부재부동산 소유자의 토지 또는 비업무용 토지로서 매수대금이 [　　] 원을 초과하여 그 [　　　]을 지급하는 경우

(3) 상환기간 및 이율: 상환기간은 [　　]로 하며, 이율은 1년 만기 정기예금 금리의 평균 이상으로 하되 구체적인 상환기간과 이율은 조례로 정한다.
(4) 「지방재정법」 준용: 채권의 발행절차에 관한 사항은 「지방재정법」에 따른다.

5. 매수가격 및 절차	공·취·법 준용 ▶ 다중주택 X, 다가구주택 X, 공관 X
6. 매수거부·지연 시 조치	(1) 3층 이하의 [　　], 3층 이하의 1종 근린생활시설, 3층 이하의 2종 근린생활시설(단란주점, 안마시술소, 노래연습장, [　　]은 제외), 공작물 설치 가능 (2) 개발행위허가의 기준을 적용하지 아니한다.

핵심 POINT

POINT 01 도시 · 군계획시설사업 ★★★

기반시설의 종류
- **공간시설** 광장, 공원, 녹지, 유원지, 공공공지
- **방재시설** 하천, 유수지, 저수지, 방화설비, 방풍설비, 방수설비, 사방설비, 방조설비
- **보건위생시설** 장사시설, 도축장, 종합의료시설
- **환경기초시설** 하수도, 폐기물처리 및 재활용시설, 빗물저장 및 이용시설, 수질오염방지시설, 폐차장

기반시설의 설치 주차장, 사회복지시설, 장사시설, 종합의료시설, 빗물저장 및 이용시설, 폐차장 → 도시 · 군관리계획으로 결정(X)

암기TIP 주사장이 좋일 비 맞고 폐차장이 서 있다.

공동구
- **설치** 200만m² 초과 + [도시개발구역, 정비구역, 택지개발지구, 경제자유구역, 도청이전신도시, 공공주택지구] → 사업시행자(설치의무)

  암기TIP 정경택도 도청이 있는 공공주택지구에 산다.
- **관리** ┌ 공동구관리자는 5년마다 공동구 안전 및 유지 · 관리계획을 수립 · 시행하여야 한다.
  └ 1년에 1회 이상 안전점검
- **분할납부** 공동구관리자는 공동구 관리에 소요되는 비용을 연 2회로 분할하여 납부하게 하여야 한다.
- **납부시기** 공동구 점용예정자는 공사가 착수되기 전에 부담금의 3분의 1 이상을 납부하여야 하고, 나머지는 공사기간 만료일 전까지 납부하여야 한다.
- **공동구협의회 심의사항** 가스관, 하수도관

광역시설의 설치 및 관리
- **원칙** 광역시설의 설치 및 관리는 도시 · 군계획시설의 설치 · 관리의 규정에 따른다.
- **예외**
  - 협약체결: 특별시장 · 광역시장 · 특별자치시장 · 특별자치도지사 · 시장 또는 군수는 협약을 체결하거나 협의회를 구성하여 광역시설을 설치 · 관리할 수 있다.
  - 법인의 설치 · 관리: 국가계획으로 설치하는 광역시설은 그 광역시설의 설치 · 관리를 사업목적으로 하여 설립된 법인이 설치 · 관리할 수 있다.

실효 20년 사업시행(X) → 도시 · 군계획시설결정의 고시일 20년 + 다음 날

POINT 02 도시 · 군계획시설부지의 매수청구 ★★

매수청구
① 10년 이내 미집행 + 지목이 대(垈)인 토지(건축물 및 정착물을 포함)
② 실시계획인가가 진행된 경우 → 매수청구 제외

매수의무자
① 특별시장 · 광역시장 · 특별자치시장 · 특별자치도지사 · 시장 · 군수
② 시행자
③ 설치 · 관리의무자(다른 경우에는 설치의무자)

매수 여부 결정 6개월, 매수기한: 2년 **암기TIP** 6월2

매수가격 공 · 취 · 법 준용

도시 · 군계획시설채권 발행 가능 상환기간: 10년 이내

┌ **지방자치단체** + ① 토지소유자가 원하거나, ──→[3천만원(현금) + 초과(채권)]
(매수의무자) + ① 부재부동산 또는 비업무용 토지 + ② 3천만원 초과

매수거부 3층 이하 + [① 단독주택, ② 제1종 근린생활시설, ③ 제2종 근린생활시설(단란주점, 안마시술소, 노래연습장, 다중생활시설은 설치 X)], ④ 공작물 → 설치 가능

토지소유자의 해제신청

① 해제신청 요건: 10년 이내 미집행 + 실효시까지 집행계획이 없는 경우 → 입안권자에게 해제신청(O)
② 입안여부결정: 입안권자는 3개월 이내에 입안여부를 토지소유자에게 알려야 한다.
③ 결정의 해제 신청: 입안(X) → 결정권자에게 결정신청(O) → 결정권자는 2개월 이내에 결정 여부를 토지소유자에게 알려야 한다.

POINT 03 비용부담

- **원칙** 시행자의 비용부담
- **예외** 수익자의 비용부담
- **시 · 도지사** ──비용부담──→ **특별시 · 광역시 · 특별자치시 · 특별자치도 · 시 · 군**
  └→ 협의(x): 행정안전부장관이 결정한다.
- **보조 또는 융자**

① 기초조사 또는 지형도면 작성: 80% 이하의 범위에서 국가예산으로 보조할 수 있다.
② 행정청인 시행자: 사업비용의 50% 이하의 범위에서 국가예산으로 보조 또는 융자할 수 있다.
③ 비행정청인 시행자: 사업비용의 3분의 1 이하의 범위에서 국가 또는 지자체가 보조 또는 융자할 수 있다.

핵심 OX 지문

도시·군계획시설사업

01 도시 · 군계획시설은 기반시설 중 도시 · 군관리계획으로 결정된 시설이다. (   )

02 폐차장은 기반시설 중 환경기초시설에 해당한다. (   )

03 폐기물처리 및 재활용시설은 기반시설 중 보건위생시설에 해당한다. (   )

04 「도시개발법」에 따른 도시개발구역이 200만㎡를 초과하는 경우 해당 구역에서 개발사업을 시행하는 자는 공동구를 설치하여야 한다. (   )

05 공동구관리자는 10년마다 해당 공동구의 안전 및 유지 · 관리계획을 수립 · 시행하여야 한다. (   )

06 도시 · 군관리계획으로 결정된 하천의 정비사업은 도시 · 군계획시설사업에 해당한다. (   )

07 광역시장이 단계별 집행계획을 수립하고자 하는 때에는 미리 관계 행정기관의 장과 협의하여야 하며, 해당 지방의회의 의견을 들어야 한다. (   )

08 도시 · 군계획시설사업이 둘 이상의 지방자치단체의 관할구역에 걸쳐 시행되는 경우, 사업시행자에 대한 협의가 성립되지 아니하는 때에는 사업면적이 가장 큰 지방자치단체가 사업시행자
가 된다. (   )

09 국토교통부장관은 국가계획과 관련되거나 그 밖에 특히 필요하다고 인정되는 경우에는 관계 특별시장 · 광역시장 · 특별자치시장 · 특별자치도지사 · 시장 또는 군수의 의견을 들어 직접 도
시 · 군계획시설사업을 시행할 수 있다. (   )

10 도시 · 군계획시설사업의 실시계획에는 사업의 착수예정일 및 준공예정일도 포함되어야 한다. (   )

11 사업구역경계의 변경이 있더라도 건축물의 연면적 10% 미만을 변경하는 경우에는 실시계획 변경인가를 받을 필요가 없다. (   )

12 도시 · 군계획시설결정의 고시일부터 10년 이내에 도시 · 군계획시설사업에 관한 실시계획의 인가만 있고 사업이 시행되지 아니하는 경우에는 그 시설부지의 매수청구권이 인정된다.

13 도시 · 군계획시설부지의 매수의무자인 지방공사는 도시 · 군계획시설채권을 발행하여 그 대금을 지급할 수 있다. (   )

14 도시 · 군계획시설채권의 상환기간은 10년 이내로 한다. (   )

15 도시 · 군계획시설부지의 매수의무자는 매수하기로 결정한 토지를 매수결정을 알린 날부터 2년 이내에 매수하여야 한다. (   )

16 도시 · 군계획시설결정이 고시된 도시 · 군계획시설에 대하여 그 고시일부터 20년이 지날 때까지 그 시설의 설치에 관한 도시 · 군계획시설사업이 시행되지 아니하는 경우 그 도시 · 군계획
시설결정은 그 고시일부터 20년이 되는 날의 다음 날에 그 효력을 잃는다. (   )

17 행정청인 도시 · 군계획사업의 시행자가 도시 · 군계획사업에 의하여 새로 공공시설을 설치한 경우, 새로 설치된 공공시설은 그 시설을 관리할 관리청에 무상으로 귀속된다. (   )

✔ 정답

01 ○   02 ○   03 X 폐기물처리 및 재활용시설은 기반시설 중 환경기초시설에 해당한다.   04 ○   05 X 5년마다 안전 및 유지 · 관리계획을 수립 · 시행하여야 한다.   06 ○   07 ○   08 X 둘 이상의
지방자치단체의 관할구역에 걸쳐 시행되는 경우, 협의가 성립되지 않으면 국토교통부장관 또는 도지사가 시행자를 지정한다.   09 ○   10 ○   11 X 사업구역경계의 변경이 있기 때문에 실시계획 변
경인가를 받아야 한다.   12 X 실시계획의 인가가 있는 경우에는 매수청구권이 인정되지 않는다.   13 X 매수의무자인 지방공사는 도시 · 군계획시설채권을 발행할 수 없다.   14 ○   15 ○   16 ○   17 ○

| 지구단위계획구역 | 지구단위계획구역(재량적 · 의무적 지정) |

1. 지구단위계획구역의 지정 ★★★

재량적 지정대상지역	의무적 지정대상지역
① 용도지구(취락지구 등)	① 사업이 끝난 후 10년이 지난 지역
② 도시개발구역, 정비구역	┌ 정비구역
③ 택지개발지구, 대지조성사업지구	└ 택지개발지구
④ 산업단지, 준산업단지, 관광특구, 관광단지	② 면적이 30만m² 이상인 지역
⑤ 개발제한구역, 도시자연공원구역, 시가화조정구역, 공원에서 해제되는 구역	㉠ 시가화조정구역 또는 공원에서 해제되는 지역(녹지지역으로 지정 또는 존치되거나 개발계획이 수립되지 아니한 경우는 제외)
⑥ 녹지지역에서 주거지역 · 상업지역 · 공업지역으로 변경되는 구역	㉡ 녹지지역에서 주거지역 · 상업지역 · 공업지역으로 변경되는 구역
⑦ 세 개 이상의 노선이 교차하는 대중교통 결절지로부터 1km 이내에 위치한 지역	

2. 도시지역 외의 지역에 지정하는 경우 ★

(1) 계획관리지역(구역 면적의 50% 이상이 포함)

① 지정요건(계획관리지역 + 생산관리지역 + 보전관리지역 → 자연보전권역인 경우에는 10만m² 이상

> ㉠ 아파트, 연립주택 건설계획이 포함된 경우에는 토지면적이 30만m² 이상이고, 아파트, 연립주택 건설계획이 포함되지 않은 경우에는 3만m² 이상
> ㉡ 해당 지역에 도로, 상하수도 등 기반시설을 공급할 수 있을 것
> ㉢ 자연환경, 경관, 미관 등을 해치지 아니하고 국가유산의 훼손 우려가 없을 것

(2) 개발진흥지구

① 계획관리지역에서의 지정요건에 해당할 것
② 해당 개발진흥지구가 다음의 지역에 위치할 것

> ㉠ 주거, 특정, 복합개발진흥지구(주거기능이 포함) → 계획관리지역
> ㉡ 산업 · 유통, 복합개발진흥지구(주거기능이 포함되지 않은 경우) → 계획관리지역, 생산관리지역, 농림지역
> ㉢ 관광 · 휴양개발진흥지구 → 도시지역 외의 지역(관리 · 농림 · 자연환경보전지역)

(3) 용도지구를 폐지하고 용도지구에서의 행위제한을 지구단위계획으로 대체하려는 지역

| 지구단위계획 | 도시 · 군계획 수립대상지역의 일부에 대하여 토지이용을 합리화하고 그 기능을 증진시키며 미관을 개선하고 양호한 환경을 확보하며, 그 지역을 체계적 · 계획적으로 관리하기 위하여 수립하는 도시 · 군관리계획을 말한다. |

1. 지구단위계획의 수립(수립기준: 국장) ★★

지구단위계획에는 ②와 ④의 사항을 포함한 둘 이상의 사항이 포함되어야 한다.

① 용도지역이나 용도지구를 대통령령으로 정하는 범위에서 세분하거나 변경하는 사항
　①의2 기존의 용도지구를 폐지하고 그 용도지구에서의 건축물이나 그 밖의 시설의 용도 · 종류 및 규모 등의 제한을 대체하는 사항
② 대통령령으로 정하는 기반시설의 배치와 규모
③ 도로로 둘러싸인 일단의 지역 또는 계획적인 개발 · 정비를 위하여 구획된 일단의 토지의 규모와 조성계획
④ 건축물의 용도제한, 건축물의 건폐율 또는 용적률, 건축물의 높이의 최고한도 또는 최저한도
⑤ 건축물의 배치 · 형태, 색채 또는 건축선에 관한 계획
⑥ 환경관리계획 또는 경관계획
⑦ 보행안전 등을 고려한 교통처리계획
⑧ 그 밖에 토지 이용의 합리화, 도시나 농 · 산 · 어촌의 기능증진에 필요한 사항

2. 완화규정 ★★★

완화대상	도시지역 내	도시지역 외
건축제한	건축물의 용도 · 종류 및 규모	
건폐율	150%	150%
용적률	200%	200%
건축물의 높이제한	120%	완화규정 없음
주차장 설치기준	100%	

3. 지구단위계획구역 지정의 실효

지구단위계획구역의 지정에 관한 도시 · 군관리계획결정의 고시일부터 3년 이내에 지구단위계획이 결정 · 고시되지 아니하면 그 3년이 되는 날의 다음 날에 효력을 잃는다.

빈칸완성 한번 더!

지구단위계획구역	지구단위계획구역(재량적 · 의무적 지정)

1. 지구단위계획구역의 지정 ☆☆☆

재량적 지정대상지역	의무적 지정대상지역
① 용도지구(취락지구 등) ② [ ]정비구역 ③ 택지개발지구, [ ] ④ 산업단지, 준산업단지, [ ] 관광단지 ⑤ (개)발제한구역, (도)시자연공원구역, [ ] (공)원에서 [ ]되는 구역 ⑥ 녹지지역에서 주거지역 · 상업지역 · 공업 지역으로 변경되는 구역 ⑦ 세 개 이상의 노선이 교차하는 대중교통 결절지로부터 [ ]이내에 위치한 지역	① 사업이 끝난 후 [ ]이 지난 지역 ┌ (정)비구역 └ [ ] ② 면적이 [ ]이상인 지역 ㉠ 시가화조정구역 또는 공원에서 해제되 는 지역(녹지지역으로 지정 또는 존치 되거나 개발계획이 수립되지 아니한 경 우는 제외) ㉡ [ ]에서 주거지역 · 상업지역 · 공업지역으로 변경되는 구역

2. 도시지역 외의 지역에 지정하는 경우 ☆

(1) [   ](구역 면적의 50% 이상이 포함)

자연보전권역인 경우에는 10만m² 이상

① 지정요건(계획관리지역 + 생산관리지역 + 보전관리지역)

> ㉠ 아파트, 연립주택 건설계획이 포함된 경우에는 토지면적 [   ]만m² 이상이고, 아파트, 연립주택 건설계획이 포함되지 않은 경우에는 3만m² 이상
> ㉡ 해당 지역에 도로, 상하수도 등 기반시설을 공급할 수 있을 것
> ㉢ 자연환경, 경관, 미관 등을 해치지 아니하고 국가유산의 훼손 우려가 없을 것

(2) [   ]

① 계획관리지역에서의 지정요건에 해당할 것
② 해당 개발진흥지구가 다음의 지역에 위치할 것

> ㉠ 주거, 특정, 복합개발진흥지구(주거기능이 포함) → 계획관리지역
> ㉡ 산업 · 유통, 복합개발진흥지구(주거기능이 포함되지 않은 경우) → 계획관리지역, 생산관리지역, [   ]
> ㉢ 관광 · 휴양개발진흥지구 → 도시지역 외의 지역(관리 · 농림 · 자연환경보전지역)

(3) 용도지구를 폐지하고 용도지구에서의 행위제한을 [   ]으로 대체하려는 지역

지구단위계획	도시 · 군계획 수립대상지역의 [ ]에 대하여 토지이용을 합리화하고 그 기능을 증진시키며 미관을 개선하고 양호한 환경을 확보하며, 그 지역을 체계적 · 계획적으로 관리하기 위하여 수립하는 [ ]을 말한다.

1. 지구단위계획의 수립(수립기준: [   ]) ☆☆

지구단위계획에는 ②와 ④의 사항을 포함한 둘 이상의 사항이 포함되어야 한다.

① 용도지역이나 용도지구를 대통령령으로 정하는 범위에서 세분하거나 변경하는 사항
　①의2 기존의 용도지구를 폐지하고 그 용도지구에서의 건축물이나 그 밖의 시설의 용도 · 종류 및 규모 등의 제한을 대체하는 사항
② 대통령령으로 정하는 [   ]의 배치와 규모
③ 도로로 둘러싸인 일단의 지역 또는 계획적인 개발 · 정비를 위하여 구획된 일단의 토지의 규모와 조성계획
④ 건축물의 [   ], 건축물의 건폐율 또는 [   ], 건축물의 높이의 [   ] 또는 최저한도
⑤ 건축물의 배치 · 형태, 색채 또는 건축선에 관한 계획
⑥ 환경관리계획 또는 경관계획
⑦ 보행안전 등을 고려한 교통처리계획
⑧ 그 밖에 토지 이용의 합리화, 도시나 농 · 산 · 어촌의 기능증진에 필요한 사항

2. 완화규정 ☆☆☆

완화대상	도시지역 내	도시지역 외
건축제한	건축물의 용도 · 종류 및 규모	
건폐율	[ ]	150%
용적률	[ ]	200%
건출물의 높이제한	[ ]	완화규정 [ ]
주차장 설치기준	[ ]	

3. 지구단위계획구역 지정의 실효

지구단위계획구역의 지정에 관한 도시 · 군관리계획결정의 고시일부터 3년 이내에 지구단위계획이 결정 · 고시되지 아니하면 그 3년이 되는 날의 [   ]에 효력을 잃는다.

핵심 POINT

POINT 01 지구단위계획구역 ☆☆☆

재량적 지정대상 지구단위계획구역으로 지정할 수 있다. → 전부 또는 일부 가능

① 용도지구, 도시개발구역, 정비구역, 택지개발지구, 대지조성사업지구, 산업단지와 준산업단지, 관광단지, 관광특구 [암기 TIP] 정초택시타고 산업단지로 관광가자!!
② 개발제한구역, 도시자연공원구역, 시가화조정구역, 공원 + 해제 [암기 TIP] 공개도시 + 해제
③ 녹지지역 → 주거지역, 상업지역, 공업지역으로 변경되는 구역

의무적 지정대상 지구단위계획구역으로 지정하여야 한다.

① [정비구역, 택지개발지구] + 10년이 지난 지역 [암기 TIP] 정택이는 10년 지난 친구
② 시가화조정구역 또는 공원에서 해제되는 구역 + 30만m² 이상(녹지지역으로 지정 또는 존치되거나 개발계획이 수립되지 아니하는 경우는 제외)
③ [녹지지역 → 주거지역, 상업지역, 공업지역] + 면적 30만m² 이상

계획관리지역(면적의 100분의 50 이상) + 생산관리지역 또는 보전관리지역

① 아파트 또는 연립주택 건설계획이 포함된 경우로서 자연보전권역인 경우: 10만m² 이상
② 아파트 또는 연립주택 건설계획이 포함되지 않은 경우: 3만m² 이상
③ 보전관리지역을 포함하는 경우: 보전관리지역의 면적은 다음의 요건을 충족할 것
  — 지구단위계획구역 면적이 10만m² 이하: 면적의 20% 이내
  — 지구단위계획구역 면적이 10만m² 초과 20만m² 이하인 경우: 2만m²
  — 지구단위계획구역 면적이 20만m² 를 초과하는 경우: 전체 지구단위계획구역 면적의 10% 이내

개발진흥지구의 지정요건

① 주거개발진흥지구, 복합개발진흥지구(주거기능 포함 O), 특정개발진흥지구 → 계획관리지역
② 산업·유통개발진흥지구 및 복합개발진흥지구(주거기능 포함 X) → 계획관리지역, 생산관리지역, 농림지역
③ 관광·휴양개발진흥지구 → 관리지역, 농림지역, 자연환경보전지역

도시지역 외의 지역으로서 용도지구를 폐지하고 용도지구에서의 행위제한을 지구단위계획으로 대체하려는 지역은 지구단위계획구역으로 지정할 수 있다.

POINT 02 지구단위계획 ☆☆☆

수립기준 국토교통부장관이 정한다.

의무적 포함

① 기반시설의 배치와 규모,
② 건축물의 용도제한, 건폐율, 용적률, 건축물 높이의 최고한도 또는 최저한도에 관한 사항은 지구단위계획에 포함되어야 한다.

완화규정

도시지역 내

① 건축제한: 건축물의 용도·종류·규모
② 건폐율: 150%를 초과할 수 없다.
③ 용적률: 200%를 초과할 수 없다.
④ 건축물 높이제한: 120% 이내에서 완화하여 적용할 수 있다.
⑤ 채광 등의 확보를 위한 높이제한: 200% 이내에서 완화하여 적용할 수 있다.
⑥ 주차장 설치기준: 100%까지 완화하여 적용할 수 있다.
  ㉠ 한옥마을을 보존하고자 하는 경우
  ㉡ 차 없는 거리를 조성하고자 하는 경우

도시지역 외

① 건축제한: 건축물의 용도·종류·규모 등을 완화하여 적용할 수 있다.
② 건폐율: 150% 이내에서 완화하여 적용할 수 있다.
③ 용적률: 200% 이내에서 완화하여 적용할 수 있다.

도시지역에 개발진흥지구를 지정하고 해당 지구를 지구단위계획구역으로 지정한 경우 해당 용도지역의 용적률을 120% 이내에서 완화하여 적용할 수 있다.

실효

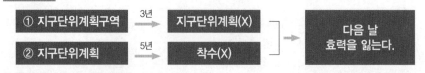

① 지구단위계획구역 ──3년──→ 지구단위계획(X) ┐
② 지구단위계획 ──5년──→ 착수(X) ┘ → **다음 날 효력을 잃는다.**

지구단위계획구역에서의 건축 지구단위계획이 수립되어 있는 지구단위계획구역에서 건축(일정기간 내 철거가 예상되는 가설건축물은 제외)을 건축 또는 용도변경하거나 공작물을 설치하려면 지구단위계획에 맞게 하여야 한다.

핵심 OX 지문

지구단위계획구역 및 지구단위계획

01 지구단위계획의 수립기준은 국토교통부장관이 정한다. (   )

02 시·도지사는 「도시개발법」에 따라 지정된 도시개발구역의 전부 또는 일부에 대하여 지구단위계획구역을 지정할 수 있다. (   )

03 「관광진흥법」에 따라 지정된 관광단지의 전부 또는 일부에 대하여 지구단위계획구역을 지정할 수 있다. (   )

04 개발제한구역에서 해제되는 구역 중 계획적인 개발 또는 관리가 필요한 지역은 지구단위계획구역으로 지정할 수 있다. (   )

05 「주택법」에 따라 대지조성사업지구로 지정된 지역의 전부에 대하여 지구단위계획구역을 지정할 수는 없다. (   )

06 주민은 도시·군관리계획 입안권자에게 지구단위계획의 변경에 관한 도시·군관리계획의 입안을 제안할 수 있다. (   )

07 「택지개발촉진법」에 따라 지정된 택지개발지구에서 시행되는 사업이 끝난 후 10년이 지난 지역으로서 관계 법률에 따른 토지 이용과 건축에 관한 계획이 수립되어 있지 않은 지역은 지구단위계획구역으로 지정하여야 한다. (   )

08 계획관리지역 외의 지역에 지정된 개발진흥지구 내의 지구단위계획구역에서는 건축물의 용도·종류 및 규모 등을 완화하여 적용할 경우 아파트 및 연립주택은 허용되지 아니한다. (   )

09 농림지역에 위치한 산업·유통개발진흥지구는 지구단위계획구역으로 지정할 수 있는 대상지역에 포함되지 않는다. (   )

10 시장 또는 군수가 입안한 지구단위계획의 수립·변경에 관한 도시·군관리계획은 해당 시장 또는 군수가 직접 결정한다. (   )

11 도시지역 외에 지정하는 지구단위계획구역에 대해서는 해당 용도지역에 적용되는 건축물 높이의 120% 이내에서 높이제한을 완화하여 적용할 수 있다. (   )

12 도시지역 내에 지정하는 지구단위계획구역에 대해서는 해당 지역에 적용되는 건폐율의 200% 이내에서 건폐율을 완화하여 적용할 수 있다. (   )

13 도시지역 내 지구단위계획구역의 지정이 한옥마을의 보존을 목적으로 하는 경우 지구단위계획으로 「주차장법」에 따른 주차장 설치기준을 100%까지 완화하여 적용할 수 있다. (   )

14 지구단위계획(주민이 입안을 제안한 것에 한정한다)에 관한 도시·군관리계획결정의 고시일부터 5년 이내에 「국토의 계획 및 이용에 관한 법률」 또는 다른 법률에 따라 허가·인가·승인 등을 받아 사업이나 공사에 착수하지 아니하면 그 5년이 된 날의 다음날에 그 지구단위계획에 관한 도시·군관리계획결정은 효력을 잃는다. (   )

15 지구단위계획이 수립되어 있는 지구단위계획구역에서 공사기간 중 이용하는 공사용 가설건축물을 건축하려면 그 지구단위계획에 맞게 하여야 한다. (   )

✓ 정답

01 ○   02 ○   03 ○   04 ○   05 X 대지조성사업지구의 전부에 대하여 지정할 수 있다.   06 ○   07 ○   08 ○   09 X 포함된다.   10 ○   11 X 해당 용도지역에 적용되는 건축물 높이의 120% 이내에서 높이제한을 완화하여 적용할 수 있는 지역은 도시지역 내에 지정하는 지구단위계획구역에서 적용되는 규정이다.   12 X 건폐율의 150%를 초과할 수 없다.   13 ○   14 ○   15 X 공사기간 중 이용하는 공사용 가설건축물은 일정기간 내 철거가 예상되기 때문에 지구단위계획에 맞게 건축하여야 하는 건축물에서 제외된다.

개발행위 허가	허가권자 특별시장, 광역시장, 특별자치시장, 특별자치도지사, 시장 또는 군수

1. 허가대상 개발행위 ☆☆☆

→ 도시·군계획시설사업 + 도시개발사업 + 정비사업

허가대상(도시 · 군계획사업은 제외)	
건축물의 건축	「건축법」에 따른 건축물의 건축
공작물의 설치	인공을 가하여 제작한 시설물의 설치
토지의 형질변경	절토(땅깍기), 성토(흙쌓기), 정지(땅고르기), 포장 등의 행위와 공유수면의 매립(경작을 위한 경우는 제외)
토석채취	토지의 형질변경을 목적으로 하지 않는 토석의 채취
토지분할	① 녹지지역, 관리지역, 농림지역, 자연환경보전지역에서 관계 법령에 따른 인가 · 허가 등을 받지 아니하고 행하는 토지의 분할 ② 「건축법」에 따른 분할제한면적 미만으로의 토지의 분할 ③ 관계 법령에 따른 인가 · 허가 등을 받지 아니하고 행하는 너비 5m 이하로의 토지의 분할
물건을 쌓아놓는 행위	녹지지역, 관리지역, 자연환경보전지역에서 울타리 안에 위치하지 아니한 토지에 물건을 1개월 이상 쌓아놓는 행위

2. 허가절차 ☆

→ 15일 이내(협의 또는 심의기간 제외)

허가신청 → 시행자 의견청취 → 도시계획 위원회의 심의 → 허가 또는 불허가의 처분 → 사업시행 → 준공검사

↳ 지구단위계획, 성장관리계획을 수립한 지역은 심의(X)

↳ 토지분할(X), 물건쌓기(X)

3. 조건부 허가 ☆☆☆

허가권자는 ㉑반시설의 설치 또는 그에 필요한 용지의 확보, ㉓해 방지, ㉑경오염 방지, ㉓관, ㉓경 등에 관해 조치할 것을 조건으로 개발행위허가를 할 수 있다.

→ 국가, 지자체, 공공기관은 예치X

4. 이행보증금의 예치금액 및 예치방법

예치금액	기반시설의 설치, 위해 방지, 환경오염 방지, 경관 및 조경에 필요한 비용의 범위에서 산정하되 총 공사비의 20% 이내가 되도록 한다.
예치방법	① 원칙: 현금으로 납입 ② 예외: 이행보증서 등으로 갈음할 수 있다.
반환시기	개발행위허가를 받은 자가 준공검사를 받은 때에는 즉시 반환하여야 한다.

개발행위 허가제한	제한권자 국토교통부장관, 시 · 도지사, 시장 또는 군수

1. 제한기간

(1) 원칙: 1회에 한하여 3년 이내의 기간 동안 제한할 수 있다.

(2) 예외: 제한대상지역 ③, ④, ⑤에 대하여 1회에 한하여 2년 이내의 기간 동안 제한기간을 연장할 수 있다. → 연장 시 심의 X

2. 제한대상지역 ☆

① 녹지지역이나 계획관리지역으로서 수목이 집단적으로 자라고 있거나 조수류 등이 집단적으로 서식하고 있는 지역 또는 우량농지 등으로 보전할 필요가 있는 지역

② 개발행위로 인하여 주변의 환경, 경관, 미관, 국가유산 등이 크게 오염되거나 손상될 우려가 있는 지역

③ 도시 · 군기본계획이나 도시 · 군관리계획을 수립하고 있는 지역으로서 그 도시 · 군기본계획이나 도시 · 군관리계획이 결정될 경우 용도지역, 용도지구, 용도구역의 변경이 예상되고 그에 따라 개발행위허가의 기준이 크게 달라질 것으로 예상되는 지역

④ 지구단위계획구역으로 지정된 지역

⑤ 기반시설부담구역으로 지정된 지역

3. 제한절차

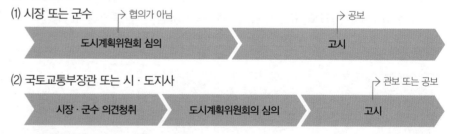

(1) 시장 또는 군수

→ 협의가 아님 → 공보

도시계획위원회 심의 → 고시

(2) 국토교통부장관 또는 시 · 도지사

→ 관보 또는 공보

시장 · 군수 의견청취 → 도시계획위원회의 심의 → 고시

4. 위반자에 대한 조치

토지의 원상회복	개발행위허가를 받지 아니하고 개발행위를 하거나 허가내용과 다르게 개발행위를 하는 자에게는 그 토지의 원상회복을 명할 수 있다.
행정대집행	원상회복의 명령을 받은 자가 원상회복을 하지 아니하면 행정대집행에 따라 원상회복을 할 수 있다.
행정형벌	3년 이하의 징역 또는 3천만원 이하의 벌금

빈칸완성 한번 더!

개발행위 허가	허가권자 특별시장, 광역시장, 특별자치시장, 특별자치도지사, 시장 또는 군수

1. 허가대상 개발행위 ☆☆☆

```
┌────────┐ + 도시개발사업 + ┌────────┐
└────────┘                    └────────┘
```

허가대상(도시 · 군계획사업은 제외)	
☐	「건축법」에 따른 건축물의 건축
공작물의 설치	인공을 가하여 제작한 시설물의 설치
토지의 형질변경	절토(땅깎기), 성토(흙쌓기), 정지(땅고르기), 포장 등의 행위와 공유수면의 매립(☐을 위한 경우는 제외)
토석채취	토지의 형질변경을 목적으로 하지 않는 토석의 채취
토지분할	① 녹지지역, 관리지역, 농림지역, 자연환경보전지역에서 관계 법령에 따른 인가 · 허가 등을 받지 아니하고 행하는 토지의 분할 ② 「건축법」에 따른 분할제한면적 미만으로의 토지의 분할 ③ 관계 법령에 따른 인가 · 허가 등을 받지 아니하고 행하는 너비 5m 이하로의 토지의 분할
물건을 쌓아놓는 행위	녹지지역, 관리지역, 자연환경보전지역에서 울타리 안에 위치하지 아니한 토지에 물건을 ☐ 이상 쌓아놓는 행위

2. 허가절차 ☆

```
                                    ┌→ 15일 이내(협의 또는 심의기간 제외)
┌────────┐ ┌────────┐ ┌────────┐ ┌────────┐ ┌────────┐ ┌────────┐
│ 허가신청 │ │ 시행자  │ │도시계획 │ │허가 또는 │ │사업시행 │ │준공검사 │
│        │ │의견청취 │ │위원회의 심의│ │불허가의 처분│ │        │ │        │
└────────┘ └────────┘ └────────┘ └────────┘ └────────┘ └────────┘
                         └→ 지구단위계획, 성장관리계획을      └→┌──┐(X)
                            수립한 지역은 심의(X)               물건쌓기(X)
```

3. 조건부 허가 ☆☆☆

허가권자는 (☐)의 설치 또는 그에 필요한 용지의 확보, (☐), (환)경오염 방지, (경)관, (조)경 등에 관해 조치할 것을 조건으로 개발행위허가를 할 수 ☐.

└→ 국가, 지자체, 공공기관은 예치X

4. 이행보증금의 예치금액 및 예치방법

예치금액	기반시설의 설치, 위해 방지, 환경오염 방지, 경관 및 조경에 필요한 비용의 범위에서 산정하되 총 공사비의 20% 이내가 되도록 한다.
예치방법	① 원칙: 현금으로 납입 ② 예외: 이행보증서 등으로 갈음할 수 있다.
반환시기	개발행위허가를 받은 자가 ☐를 받은 때에는 즉시 반환하여야 한다.

개발행위 허가제한	제한권자 ☐, 시 · 도지사, 시장 또는 군수

1. 제한기간

(1) 원칙: 1회에 한하여 3년 이내의 기간 동안 제한할 수 있다.
(2) 예외: 제한대상지역 ☐에 대하여 1회에 한하여 ☐의 기간 동안 제한기간을 연장할 수 있다. → 연장 시 심의 X

2. 제한대상지역 ☆

① 녹지지역이나 계획관리지역으로서 수목이 집단적으로 자라고 있거나 조수류 등이 집단적으로 서식하고 있는 지역 또는 ☐등으로 보전할 필요가 있는 지역 ② 개발행위로 인하여 주변의 환경, 경관, 미관, 국가유산 등이 크게 오염되거나 손상될 우려가 있는 지역 ③ 도시 · 군기본계획이나 ☐을 수립하고 있는 지역으로서 그 도시 · 군기본계획이나 도시 · 군관리계획이 결정될 경우 용도지역, 용도지구, 용도구역의 변경이 예상되고 그에 따라 개발행위허가의 기준이 크게 달라질 것으로 예상되는 지역 ④ ☐으로 지정된 지역 ⑤ ☐으로 지정된 지역

3. 제한절차

(1) 시장 또는 군수

```
            ┌→ 협의가 아님                    ┌→ 공보
┌──────────────────────┐ ┌──────────────────┐
│   도시계획위원회 심의    │ │      고시         │
└──────────────────────┘ └──────────────────┘
```

(2) 국토교통부장관 또는 시 · 도지사

```
                                            ┌→ 관보 또는 공보
┌──────────────┐ ┌──────────────┐ ┌──────────────┐
│시장 · 군수 의견청취│ │도시계획위원회의 심의│ │     고시      │
└──────────────┘ └──────────────┘ └──────────────┘
```

4. 위반자에 대한 조치

토지의 원상회복	개발행위허가를 받지 아니하고 개발행위를 하거나 허가내용과 다르게 개발행위를 하는 자에게는 그 토지의 원상회복을 명할 수 ☐.
행정대집행	원상회복의 명령을 받은 자가 원상회복을 하지 아니하면 행정대집행에 따라 원상회복을 할 수 있다.
행정형벌	3년 이하의 징역 또는 3천만원 이하의 벌금

핵심 POINT

POINT 01 개발행위허가 ★★★☆

- 도시 · 군계획사업, 경작을 위한 토지형질변경, 응급조치 | 허가대상 X
- 사업기간을 단축 또는 부지면적 5% 범위 안에서 축소 | 변경허가 X
- 사업기간 연장 또는 부지면적 확장 | 변경허가를 받아야 한다.
- 개발밀도관리구역 | 기반시설 설치나 그에 필요한 용지의 확보에 관한 계획서를 제출하지 아니한다.
- 조건부허가
  - ① 허가권자는 기반시설의 설치, 위해방지, 환경오염방지, 경관, 조경 등의 조치를 할 것을 조건으로 허가를 할 수 있다.
  - ② 허가권자는 개발행위허가에 조건을 붙이려는 때에는 미리 개발행위허가를 신청한 자의 의견을 들어야 한다.
- 개발행위허가의 규모
  - ① 공업지역, 관리지역, 농림지역: 3만m² 미만
  - ② 보전녹지지역, 자연환경보전지역: 5천m² 미만
  - ③ 주거지역, 상업지역, 생산녹지, 자연녹지: 1만m² 미만

  공삼이, 관농이
- 허가대상 토지가 2 이상 걸치는 경우 | 각각 적용한다.

  추가 ✏
  개발행위허가의 대상인 토지의 총면적이 해당 토지가 걸쳐 있는 용도지역 중 개발행위의 규모가 가장 큰 용도지역의 개발행위의 규모를 초과하여서는 아니 된다.
- 개발행위허가 기준을 강화 또는 완화 적용하는 지역(유보용도)

  계획관리지역, 생산관리지역, 자연녹지지역
- 준공검사대상이 아닌 것 | 토지분할, 물건쌓기
- 개발행위허가 제한

  ↘ 국장, 시·도지사, 시장·군수
  - ① 녹지지역이나 계획관리지역 + 수목, 조수류, 우량농지 등으로 보전할 필요가 있는 지역
  - ② 개발행위로 주변의 환경 · 경관 · 미관 · 국가유산 등이 크게 오염되거나 손상될 우려가 있는 지역
  - → 최대 3년(연장 X)까지 개발행위허가를 제한할 수 있다.
  - ③ 도시 · 군기본계획이나 도시 · 군관리계획을 수립하고 있는 지역
  - ④ 지구단위계획구역
  - ⑤ 기반시설부담구역
  - → 최대 5년(연장 O)까지 개발행위허가를 제한할 수 있다.

POINT 02 성장관리계획구역

- 지정대상지역 | 특별시장 · 광역시장 · 특별자치시장 · 특별자치도지사 · 시장 또는 군수는 ⓝ 지지역, ⓜ 리지역, ⓝ 림지역 및 ⓙ 연환경보전지역 중 다음의 어느 하나에 해당하는 지역의 전부 또는 일부에 대하여 성장관리계획구역을 지정할 수 있다.
  - ① 개발수요가 많아 무질서한 개발이 진행되고 있거나 진행될 것으로 예상되는 지역
  - ② 주변의 토지이용이나 교통여건 변화 등으로 향후 시가화가 예상되는 지역
  - ③ 주변지역과 연계하여 체계적인 관리가 필요한 지역
- 지정절차
  - ① 주민 의견청취(14일 이상 열람) + 지방의회 의견청취 + 협의 + 심의: 경미한 사항을 변경하는 경우에는 그러하지 아니하다.
  - ② 지방의회 의견제시: 60일 이내
  - ③ 협의기간: 30일 이내

POINT 03 성장관리계획

- 내용 | 특별시장 · 광역시장 · 특별자치시장 · 특별자치도지사 · 시장 또는 군수는 성장관리계획구역을 지정할 때에는 다음의 사항을 포함하여 성장관리계획을 수립하여야 한다.
  - ① 도로, 공원 등 기반시설의 배치와 규모에 관한 사항
  - ② 건축물의 용도제한, 건축물의 건폐율 또는 용적률
  - ③ 건축물의 배치, 형태, 색채 및 높이(건축선 X)
  - ④ 환경관리 및 경관계획
- 건폐율 완화규정 | 성장관리계획구역에서는 다음의 범위에서 성장관리계획으로 정하는 바에 따라 조례로 정하는 비율까지 건폐율을 완화하여 적용할 수 있다.
  - ① 계획관리지역: 50% 이하
  - ② 생산관리지역 · 농림지역 및 자연녹지지역 · 생산녹지지역: 30% 이하
- 용적률 완화규정 | 성장관리계획구역 내 계획관리지역에서는 125% 이하의 범위에서 성장관리계획으로 정하는 바에 따라 조례로 정하는 비율까지 용적률을 완화하여 적용할 수 있다.
- 타당성검토 | 5년
- 건축제한 | 성장관리계획구역에서 개발행위 또는 건축물의 용도변경을 하려면 그 성장관리계획에 맞게 하여야 한다.

핵심 OX 지문

개발행위허가

01 「도시개발법」에 따른 도시개발사업에 의해 건축물을 건축하는 경우에는 허가를 필요로 하지 않는다. (　)

02 재해복구를 위한 응급조치로서 공작물의 설치를 하려는 자는 도시·군계획사업에 의한 행위가 아닌 한 개발행위허가를 받아야 한다. (　)

03 농림지역에 물건을 1개월 이상 쌓아놓는 행위는 개발행위허가의 대상이 아니다. (　)

04 허가받은 개발행위의 사업기간을 연장하려는 경우에는 변경에 대한 허가를 받아야 한다. (　)

05 개발행위를 허가하는 경우에는 조건을 붙일 수 없다. (　)

06 환경오염 방지조치를 할 것을 조건으로 개발행위허가를 하려는 경우에는 미리 개발행위허가를 신청한 자의 의견을 들어야 한다. (　)

07 「사방사업법」에 따른 사방사업을 위한 개발행위에 대하여 허가를 하는 경우 중앙도시계획위원회와 지방도시계획위원회의 심의를 거치지 아니한다. (　)

08 국가나 지방자치단체가 시행하는 개발행위에도 이행보증금을 예치하게 하여야 한다. (　)

09 개발행위허가의 제한을 연장하는 경우 그 연장 기간은 2년을 넘을 수 없다. (　)

10 국토교통부장관은 개발행위로 인하여 주변의 환경이 크게 오염될 우려가 있는 지역에서 개발행위허가를 제한하고자 하는 경우 중앙도시계획위원회의 심의를 거쳐야 한다. (　)

11 개발행위로 인하여 주변의 국가유산 등이 크게 손상될 우려가 있는 지역에 대해서는 최대 5년까지 개발행위허가를 제한할 수 있다. (　)

12 지구단위계획구역으로 지정된 지역으로서 도시·군관리계획상 특히 필요하다고 인정하는 지역에 대해서는 최장 5년의 기간 동안 개발행위허가를 제한할 수 있다. (　)

13 토지분할에 대해 개발행위허가를 받은 자가 그 개발행위를 마치면 관할 행정청의 준공검사를 받아야 한다. (　)

14 개발행위허가를 받은 자가 행정청이 아닌 경우 개발행위허가를 받은 자가 새로 설치한 공공시설은 그 시설을 관리할 관리청에 무상으로 귀속된다. (　)

15 개발행위허가를 받은 자가 행정청이 아닌 경우 개발행위로 용도가 폐지되는 공공시설은 개발행위허가를 받은 자에게 무상으로 귀속된다. (　)

16 개발행위허가를 취소하려면 청문을 실시하여야 한다. (　)

17 주변지역과 연계하여 체계적 관리가 필요한 주거지역은 성장관리계획구역을 지정할 수 있는 지역에 해당한다. (　)

18 성장관리계획구역 내 생산녹지지역에서는 30% 이하의 범위에서 성장관리계획으로 정하는 바에 따라 건폐율을 완화하여 적용할 수 있다. (　)

19 성장관리계획구역 내 보전관리지역에서는 125% 이하의 범위에서 성장관리계획으로 정하는 바에 따라 용적률을 완화하여 적용할 수 있다. (　)

✓ 정답

01 ○　02 ✕ 응급조치는 개발행위허가를 받지 않아도 된다.　03 ○　04 ○　05 ✕ 허가권자는 미리 개발행위허가를 신청한 자의 의견을 들어 조건부 허가를 할 수 있다.　06 ○　07 ○　08 ✕ 국가나 지방자치단체는 이행보증금 예치대상이 아니다.　09 ○　10 ○　11 ✕ 최대 3년까지 개발행위허가를 제한할 수 있다.　12 ○　13 ✕ 토지분할은 준공검사대상이 아니다.　14 ○　15 ✕ 개발행위허가를 받은 자가 행정청이 아닌 경우 개발행위로 용도가 폐지되는 공공시설은 새로 설치한 공공시설의 설치비용에 상당하는 범위에서 개발행위허가를 받은 자에게 무상으로 양도할 수 있다.　16 ○　17 ✕ 주거지역은 성장관리계획구역을 지정할 수 있는 지역에 해당하지 않는다.　18 ○　19 ✕ 성장관리계획구역 내 보전관리지역이 아니고 계획관리지역에서는 125% 이하의 범위에서 성장관리계획으로 정하는 바에 따라 용적률을 완화하여 적용할 수 있다.

구 분	개발밀도관리구역 ☆☆☆		기반시설부담구역 ☆☆☆
지정권자	특별시장 · 광역시장 · 특별자치시장 · 특별자치도지사 · 시장 또는 군수(승인 X)		
대상지역	주거지역 · 상업지역 · 공업지역에서의 개발행위로 인하여 기반시설의 처리 · 공급 또는 수용 능력이 부족할 것으로 예상되는 지역 중 기반시설의 설치가 곤란한 지역		① 이 법 또는 다른 법령의 제정·개정으로 인하여 행위제한이 완화되거나 해제되는 지역 ② 이 법 또는 다른 법령에 따라 지정된 용도지역 등이 변경되거나 해제되어 행위제한이 완화되는 지역 ③ 전년도 개발행위허가 건수가 전전년도 개발행위허가 건수보다 20% 이상 증가한 지역 ④ 해당 지역의 전년도 인구증가율이 그 지역이 속하는 특별시 · 광역시 · 특별자치시 · 특별자치도 · 시 또는 군의 전년도 인구증가율보다 20% 이상 높은 지역
절 차	지방도시계획위원회의 심의 → 고시(주민 의견청취 X)		주민 의견청취 → 지방도시계획위원회의 심의 → 고시
지정기준 (국장이 정함)	① 해당 지역의 도로서비스 수준이 매우 낮아 차량 통행이 현저히 지체되는 지역 ② 해당 지역의 도로율이 국토교통부령이 정하는 용도지역별 도로율에 20% 이상 미달하는 지역 ③ 향후 2년 이내에 해당 지역의 수도에 대한 수요량이 수도시설의 시설용량을 초과할 것으로 예상되는 지역 ④ 향후 2년 이내에 해당 지역의 하수발생량이 하수시설의 시설용량을 초과할 것으로 예상 되는 지역 ⑤ 향후 2년 이내에 해당 지역의 학생 수가 학교수용능력을 20% 이상 초과할 것으로 예상되는 지역		① 기반시설부담구역은 기반시설이 적절하게 배치될 수 있는 규모로서 최소 10만㎡ 이상의 규모가 되도록 지정할 것 ② 소규모 개발행위가 연접하여 시행될 것으로 예상되는 지역의 경우에는 하나의 단위구역으로 묶어서 기반시설부담구역을 지정할 것 ③ 기반시설부담구역의 경계는 도로, 하천, 그 밖의 특색 있는 지형지물을 이용하는 등 경계선이 분명하게 구분되도록 할 것
지정효과	① 개발밀도관리구역 안에서는 건폐율 또는 용적률을 강화하여 적용한다. ② 해당 용도지역에 적용되는 용적률의 최대한도의 50%의 범위에서 강화하여 적용한다.		특별시장 · 광역시장 · 특별자치시장 · 특별자치도지사 · 시장 또는 군수는 기반시설부담구역이 지정되면 대통령령으로 정하는 바에 따라 기반시설설치계획을 수립하여야 하며, 이를 도시 · 군관리계획에 반영하여야 한다.
해제 및 의제	규정 없음		① 해제: 기반시설부담구역의 지정 · 고시일부터 1년이 되는 날까지 기반시설설치계획을 수립하지 아니하면 그 1년이 되는 날의 다음 날에 기반시설부담구역의 지정은 해제된 것으로 본다. ② 의제: 지구단위계획을 수립한 경우에는 기반시설설치계획을 수립한 것으로 본다.
기반시설 설치비용	규정 없음		① 기반시설설치비용의 부과대상은 단독주택 및 숙박시설 등 연면적 200㎡(기존 건축물의 연면적을 포함)를 초과하는 건축물의 신축 · 증축 행위로 한다. ② 민간개발사업자의 부담비율: 20/100(100분의 25의 범위에서 가감) ③ 기반시설설치비용: 현금(카드), 토지로 납부(물납) 인정 ④ 부과시기: 건축허가를 받은 날부터 2개월 이내 ⑤ 납부시기: 사용승인 신청 시까지

빈칸완성 한번 더!

구 분	☐☐☐ ☆☆☆	☐☐☐ ☆☆☆
지정권자	특별시장 · 광역시장 · 특별자치시장 · 특별자치도지사 · 시장 또는 군수(승인 X)	
대상지역	주거지역 · ☐☐☐ · 공업지역에서의 개발행위로 인하여 기반시설의 처리 · 공급 또는 수용 능력이 부족할 것으로 예상되는 지역 중 기반시설의 설치가 ☐한 지역	① 이 법 또는 다른 법령의 제정·개정으로 인하여 행위제한이 ☐되거나 해제되는 지역 ② 이 법 또는 다른 법령에 따라 지정된 용도지역 등이 변경되거나 해제되어 행위제한이 완화되는 지역 ③ 전년도 개발행위허가 건수가 전전년도 개발행위허가 건수보다 ☐☐☐☐☐한 지역 ④ 해당 지역의 전년도 인구증가율이 그 지역이 속하는 특별시 · 광역시 · 특별자치시 · 특별자치도 · 시 또는 군의 전년도 인구증가율보다 20% 이상 높은 지역
절 차	지방도시계획위원회의 심의 → 고시(주민 의견청취 X)	☐☐☐☐ → 지방도시계획위원회의 심의 → 고시
지정기준 (국장이 정함)	① 해당 지역의 도로서비스 수준이 매우 낮아 차량 통행이 현저히 지체되는 지역 ② 해당 지역의 도로율이 국토교통부령이 정하는 용도지역별 도로율에 20% 이상 미달하는 지역 ③ 향후 2년 이내에 해당 지역의 수도에 대한 수요량이 수도시설의 시설용량을 초과할 것으로 예상되는 지역 ④ 향후 2년 이내에 해당 지역의 하수발생량이 하수시설의 시설용량을 초과할 것으로 예상 되는 지역 ⑤ 향후 ☐☐☐에 해당 지역의 학생 수가 학교수용능력을 ☐☐☐☐☐할 것으로 예상되는 지역	① 기반시설부담구역은 기반시설이 적절하게 배치될 수 있는 규모로서 최소 ☐☐☐이상의 규모가 되도록 지정할 것 ② 소규모 개발행위가 연접하여 시행될 것으로 예상되는 지역의 경우에는 하나의 단위구역으로 묶어서 기반시설부담구역을 지정할 것 ③ 기반시설부담구역의 경계는 도로, 하천, 그 밖의 특색 있는 지형지물을 이용하는 등 경계선이 분명하게 구분되도록 할 것
지정효과	① 개발밀도관리구역 안에서는 건폐율 또는 용적률을 강화하여 적용한다. ② 해당 용도지역에 적용되는 ☐☐☐의 최대한도의 ☐☐의 범위에서 ☐☐하여 적용한다.	특별시장 · 광역시장 · 특별자치시장 · 특별자치도지사 · 시장 또는 군수는 기반시설부담구역이 지정되면 대통령령으로 정하는 바에 따라 기반시설설치계획을 수립하여야 하며, 이를 ☐☐☐☐☐☐에 반영하여야 한다.
해제 및 의제	규정 없음	① 해제: 기반시설부담구역의 지정 · 고시일부터 1년이 되는 날까지 기반시설설치계획을 수립하지 아니하면 그 ☐☐이 되는 날의 ☐☐☐에 기반시설부담구역의 지정은 해 ☐것으로 본다. ② 의제: 지구단위계획을 수립한 경우에는 기반시설설치계획을 수립한 것으로 본다.
비용부담	규정 없음	① 기반시설설치비용의 부과대상은 단독주택 및 숙박시설 등 연면적 200㎡(기존 건축물의 연면적을 포함)를 초과하는 건축물의 ☐☐☐☐행위로 한다. ② 민간개발사업자의 부담비율: 20/100(100분의 25의 범위에서 가감) ③ 기반시설설치비용: 현금(카드), ☐☐납부(물납) 인정 ④ 부과시기: 건축허가를 받은 날부터 2개월 이내 ⑤ 납부시기: 사용승인 신청 시까지

핵심 POINT

목표정답수 총 13문제 중 12문제

POINT 01 개발밀도관리구역, 기반시설부담구역 ★★★

- **중복지정** 개발밀도관리구역과 기반시설부담구역은 중복지정할 수 없다.
- **개발밀도관리구역** '곤란' + 건폐율 또는 용적률(50%)을 강화하여 적용한다.
- **기반시설부담구역** '완화' + 20% 이상 증가 + 주민의 의견청취 + 10만㎡ 이상 + 1년(다음 날 해제). 대학은 제외
- **기반시설설치계획** 기반시설부담구역 지정 → 기반시설설치계획 수립 → 도시·군관리계획에 반영하여야 한다.
- **기반시설유발계수** (위)락시설(2.1) → (관)광휴게시설(1.9) → 제(2)종 근린생활시설(1.6) → (종)교시설, 운수시설, 문화 및 집회시설, 자원순환 관련 시설(1.4) → 제(1)종 근린생활시설, 판매시설(1.3) → (숙)박시설(1.0) → (의)료시설 (0.9) → (방송)통신시설(0.8) → 단독주택, 공동주택, 교육연구시설, 노유자시설, 수련시설, 운동시설, 업무시설, 교정시설, 국방·군사시설(0.7)

  > **암기 TIP** 암기코드 → 기반시설유발계수 높은 순!
  >
  > (위) → 위락시설
  > (관) → 관광휴게시설
  > (이) → 제2종 근린생활시설
  > 가
  > (종)교시설에서는 좋(은)(문)(자)만 온다
  >   → 종교시설, 운수시설, 문화 및 집회시설, 자원순환 관련 시설
  > (일) → 제1종 근린생활시설, 판매시설
  > (숙)캐면 → 숙박시설
  > (병)원 간 것을 → 의료시설
  > (방송)으로 알리자 → 방송통신시설

  > **비교정리** ✎ → 펄프, 종이 및 종이제품 제조공장(2.5) / 목재 및 나무제품 제조공장(2.1) / 코크스, 석유정제품 및 핵연료 제조공장(2.1) / 비금속 광물제품 제조공장(1.3) / 가죽, 가방 및 신발 제조공장(1.0)

- **기반시설설치비용의 부과대상** ① 단독주택 및 숙박시설 + ② 연면적 200㎡ 초과 + ③ 건축물의 신축·증축 → 토지로 납부(물납) 가능
- **기반시설설치비용 부과시기** 건축허가를 받은 날부터 2개월 이내 부과
- **기반시설설치비용 납부시기** 사용승인 신청 시까지 납부
- **연기 및 분할납부** 납부의무자가 재해나 도난으로 재산에 심한 손실을 입은 경우 등 기반시설치비용을 납부하기가 곤란하다고 인정되는 1년의 범위에서 납부기일을 연기하거나 2년의 범위에서 분할납부를 인정할 수 있다.

POINT 02 공공시설의 귀속 ★★★

- **새로운 공공시설** 그 시설을 관리할 관리청에 무상으로 귀속
- **종래의 공공시설**

  > ① 개발행위자가 행정청인 경우: 개발행위허가를 받은 자에게 무상으로 귀속
  > ② 개발행위자가 비행정청인 경우: 용도폐지되는 공공시설은 새로 설치한 공공시설의 설치비용에 상당하는 범위 안에서 개발행위허가를 받은 자에게 무상양도 가능

- **귀속시기**

  > ① 개발행위자가 행정청인 경우: 공공시설의 종류와 토지의 세목을 통지한 날
  > ② 개발행위자가 비행정청인 경우: 준공검사를 받은 때

POINT 03 타인토지에의 출입 (등) → 일시사용, 장애물 변경·제거

- **출입사유**
  > ① 도시·군계획, 광역도시·군계획에 관한 기초조사
  > ② 개발밀도관리구역, 기반시설부담구역 및 기반시설설치계획에 관한 기초조사

- **출입 등의 절차**
  - **출입절차**
    > 점유자 또는 관리인
    > ① 행정청: 7일 전 (토지소유자) 등에게 (통지)
    > ② 비행정청: 허가(O) + 7일 전 토지소유자 등에게 (통지)

  - **일시사용 (등)**
    > ① 일시사용 또는 장애물 변경·제거 → 토지소유자·점유자 또는 관리인의 (동의)
    > ※ 동의(X): 행정청인 시행자는 통지(O), 비행정청인 시행자는 허가(O)
    > ② 3일 전 토지소유자 등에게 (통지)

    장애물 변경·제거

  - **출입의 제한** 일출 전이나 일몰 후에는 토지점유자의 승낙 없이 택지나 담장 또는 울타리로 둘러싸인 타인의 토지에 출입할 수 없다.

  - **수인의무** 토지의 점유자는 정당한 사유 없이 타인 토지의 출입 등의 행위를 방해하거나 거부하지 못한다.

POINT 04 청문 ★★★

> ① 개발행위허가 취소
> ② 도시·군계획시설사업의 시행자 지정 취소
> ③ 실시계획인가 취소

핵심 OX 지문

개발밀도관리구역과 기반시설부담구역

01 개발행위로 인하여 기반시설의 수용능력이 부족할 것이 예상되는 지역 중 기반시설의 설치가 곤란한 지역은 기반시설부담구역으로 지정하여야 한다. ( )

02 「고등교육법」에 따른 대학은 기반시설부담구역에 설치가 필요한 기반시설에 해당한다. ( )

03 기반시설설치비용은 현금, 신용카드 또는 직불카드 납부를 원칙으로 하되, 부과대상 토지 및 이와 비슷한 토지로 하는 납부를 인정할 수 있다. ( )

04 기반시설부담구역의 지정고시일부터 2년이 되는 날까지 기반시설설치계획을 수립하지 아니하면 그 2년이 되는 날의 다음 날에 구역의 지정은 해제된 것으로 본다. ( )

05 개발밀도관리구역에서는 해당 용도지역에 적용되는 용적률의 최대한도의 50% 범위에서 용적률을 강화하여 적용한다. ( )

06 동일한 지역에 대해 기반시설부담구역과 개발밀도관리구역을 중복하여 지정할 수 있다. ( )

07 기반시설부담구역 내에서 「주택법」에 따른 리모델링을 하는 건축물은 기반시설설치비용의 부과대상이 아니다. ( )

08 녹지와 폐기물처리 및 재활용시설은 기반시설부담구역에 설치가 필요한 기반시설에 해당한다. ( )

09 기존 건축물을 철거하고 신축하는 건축행위가 기반시설설치비용의 부과대상이 되는 경우에는 기존 건축물의 건축 연면적을 초과하는 건축행위만 부과대상으로 한다. ( )

10 군수가 개발밀도관리구역을 지정하려면 지방도시계획위원회의 심의를 거쳐 도지사의 승인을 받아야 한다. ( )

11 시장 또는 군수가 개발밀도관리구역을 지정하려는 경우 주민의 의견을 들어야 한다. ( )

12 시장은 기반시설부담구역을 지정하면 기반시설설치계획을 수립하여야 하며, 이를 도시·군관리계획에 반영하여야 한다. ( )

13 시장 또는 군수는 기반시설설치비용 납부의무자가 지방자치단체로부터 건축허가를 받은 날부터 3개월 이내에 기반시설설치비용을 부과하여야 한다. ( )

14 기반시설설치비용을 부과 받은 납부의무자는 납부기일의 연기 또는 분할납부가 인정되지 않는 한 사용승인 신청 시까지 기반시설설치비용을 내야 한다. ( )

15 의료시설과 교육연구시설의 기반시설유발계수는 같다. ( )

✓ 정답

01 X 기반시설부담구역이 아니라 개발밀도관리구역 지정대상이다. 02 X 대학은 기반시설부담구역에 설치가 필요한 기반시설에 해당하지 않는다. 03 O 04 X 2년이 아니라 1년이다. 05 O 06 X 기반시설부담구역과 개발밀도관리구역은 중복하여 지정할 수 없다. 07 O 08 O 09 O 10 X 도지사의 승인을 받지 않아도 된다. 11 X 개발밀도관리구역을 지정하려는 경우에는 주민의 의견을 듣는 절차가 없다. 12 O 13 X 건축허가를 받은 날부터 2개월 이내에 기반시설 설치비용을 부과하여야 한다. 14 O 15 X 의료시설의 기반시설유발계수는 0.90이고, 교육연구시설의 기반시설유발계수는 0.70이다.

숫자로 익히는 **마무리 암기노트**

국토의 계획 및 이용에 관한 법률

01 광역도시계획

수립과 승인	광역계획권 지정일로부터 3년 이내에 시·도지사(시장·군수)가 승인신청(X) → 국토교통부장관(도지사)이 광역도시계획을 수립하여야 한다.
절 차	기초조사정보체계(5년마다 반영), 공청회(개최예정일 14일 전까지 1회 이상 공고, 생략 X), 협의(30일 이내 의견제시), 공고 + 열람(30일 이상) → 국장(X) , 도지사(X)

02 도시·군기본계획

절 차	기초조사(토지적성평가, 재해취약성분석 → 5년 이내 실시한 경우에는 생략 가능), 공청회(생략 X), 협의(30일 이내 의견제시), 공고 + 열람(30일 이상), 타당성검토 5년
수립(재량)	① 수도권에 속하지 아니하고 광역시와 경계를 같이하지 아니한 인구 10만명 이하인 시 또는 군은 도시·군기본계획을 수립하지 아니할 수 있다. ② 관할구역 전부에 대하여 광역도시계획이 수립되어 있는 시 또는 군으로서 해당 광역도시계획에 도시·군기본계획에 포함될 사항이 모두 포함되어 있는 시 또는 군은 도시·군기본계획을 수립하지 아니할 수 있다.

03 도시·군관리계획

주민의 입안제안	① 제안대상 ㉠ 용도지구에 따른 건축물이나 그 밖의 시설의 용도·종류 및 규모 등의 제한을 지구단위계획으로 대체하기 위한 용도지구(국공유지를 제외한 토지면적 2/3 이상 동의) ㉡ 산업·유통개발진흥지구(국공유지를 제외한 토지면적 2/3 이상 동의 + 1만㎡ 이상 3만㎡ 미만) ㉢ 기반시설의 설치·정비·개량(국공유지를 제외한 토지면적 4/5 이상 동의) ㉣ 지구단위계획구역(계획)(국공유지를 제외한 토지면적 2/3 이상 동의) ㉤ 도시·군계획시설입체복합구역의 지정 및 변경과 도시·군계획시설입체복합구역의 건축제한·건폐율·용적률·높이 등에 관한 사항 ② 처리기간: 제안일부터 45일 이내에 반영 여부를 통보. 부득이한 경우 1회 - 30일 연장할 수 있다. ③ 비용부담: 입안제안을 받은 입안권자는 필요한 비용의 전부나 일부를 제안자에게 부담시킬 수 있다.
절 차	공람(14일 이상, 도시지역 축소는 생략할 수 있다), 지방의회 의견청취, 협의(30일), 고시 + 열람(열람기간 제한 X)
효력발생, 재검토	① 효력발생: 지형도면 고시일 ② 타당성 검토: 5년
기득권 보호	시가화조정구역이나 수산자원보호구역은 착수 + 3개월 이내에 신고하여야 한다.
지형도면 승인	시장(대도시 시장은 제외)·군수는 지형도면을 작성하면 도지사의 승인(30일 이내)을 받아야 한다[지구단위계획(구역)은 제외].

04 용도지역

건폐율 특별규정	① 취락지구: 60% 이하 ② 개발진흥지구(㉠ 도시지역 외의 지역: **40%** 이하, ㉡ 자연녹지지역: **30%** 이하) ③ 수산자원보호구역: **40%** 이하 ④ 자연공원: **60%** 이하 ⑤ 농공단지: **70%** 이하 ⑥ 공업지역에 있는 국가산업단지, 일반산업단지, 도시첨단산업단지 및 준산업단지: 80% 이하 ⑦ 성장관리계획구역 내 계획관리지역: 50% 이하 ⑧ 성장관리계획구역 내 생산관리지역 · 농림지역 · 자연녹지지역 · 생산녹지지역: 30% 이하

05 용도구역

시가화 유보기간	5년 이상 20년 이내: 유보기간이 끝나는 날의 다음 날 실효

06 도시 · 군계획시설

공동구 설치의무	면적이 **200만㎡**를 초과하는 다음의 지역에서 개발사업을 시행하는 자는 공동구를 설치하여야 한다. ① 도시개발구역 ② 정비구역 ③ 택지개발지구 ④ 경제자유구역 ⑤ 도청이전신도시 ⑥ 공공주택지구
공동구 관리	① 공동구관리자는 **5년**마다 공동구 안전 및 유지 · 관리계획을 수립 · 시행하여야 한다. ② 안전점검: 관리자는 1년에 1회 이상 실시하여야 한다.
공동구 설치 및 관리비용	① 설치비용: 부담금의 납부통지를 받은 공동구 점용예정자는 공동구 설치공사가 착수되기 전에 부담액의 3분의 1 이상을 납부하여야 한다. ② 관리비용: 공동구 관리자는 공동구 관리에 소요되는 비용을 연 2회로 분할하여 납부하게 하여야 한다.
단계별 집행계획	① 수립시기: 도시 · 군계획시설결정의 고시일로부터 **3개월** 이내 ② 구분: 1단계(3년 이내 시행할 사업), 2단계(3년 이후 시행할 사업) ③ 절차: 협의 + 지방의회 의견청취
지정시행자(민간)	토지면적의 **2/3** 이상을 소유하고 토지소유자 총수의 **1/2** 이상의 동의를 받아야 한다(공공 X).
실시계획	① 국토교통부장관, 시 · 도지사, 대도시 시장은 실시계획을 인가하려면 14일 이상 일반이 열람할 수 있도록 하여야 한다. ② 구역경계의 변경이 없는 범위 안에서 행하는 연면적 10% 미만 변경 → 변경인가(X) ③ 도시 · 군계획시설결정의 고시일부터 20년이 되는 날의 다음 날 이후 실시계획이 폐지되거나 효력을 잃은 경우 도시 · 군계획시설결정은 실시계획이 폐지되거나 효력을 잃는 날에 효력을 잃는다.

매수청구	도시 · 군계획시설결정의 고시일부터 **10년** 이내에 사업이 시행되지 아니한 경우(실시계획인가가 진행된 경우는 제외) 지목이 대(垈)인 토지(건축물 및 정착물 포함)의 소유자는 매수청구를 할 수 있다. ① 매수청구가 있으면 → **6개월** 이내에 매수 여부를 결정하여 토지소유자와 특별시장 · 광역시장 · 특별자치시장 · 특별자치도지사 · 시장 · 군수에게 알려야 한다. ② 매수를 결정한 경우 → 매수결정을 알린 날부터 **2년** 이내에 매수하여야 한다. ③ 지방자치단체가 매수의무자로서 ① 토지소유자가 원하거나, ① 부재부동산(비업무용 토지) + 매수대금이 **3천만원**을 초과하여 그 초과하는 금액을 지급하는 경우 → 도시 · 군계획시설채권의 발행이 가능하며 상환기간은 10년 이내에서 조례로 정한다. ④ 매수하지 아니하기로 결정하거나 매수결정을 알린 날부터 2년 이내에 매수가 이루어지지 아니한 경우 　 ㄴ, 허가를 받아 **3층** 이하의 단독주택과 **3층** 이하의 제**1**종 · 제**2**종 근린생활시설(단란주점, 안마시술소, 노래연습장, 다중생활시설은 제외) 또는 공작물을 설치할 수 있다.
실 효	도시 · 군계획시설결정의 고시일부터 20년이 지날 때까지 사업이 시행되지 아니하는 경우 그 도시 · 군계획시설결정은 그 고시일부터 **20년**이 되는 날의 다음 날에 그 효력을 잃는다.
지방의회 해제권고	① 특별시장 · 광역시장 · 특별자치시장 · 특별자치도지사 · 시장 · 군수는 도시 · 군계획시설(국토교통부장관이 결정 · 고시한 시설 중 중앙이 직접 설치하기로 한 시설은 제외) 중 ① 설치할 필요성이 없어진 경우 또는 ① 10년이 지날 때까지 해당 사업이 시행되지 아니하는 경우에는 지방의회에 보고하여야 하며, 해제되지 아니한 장기미집행 도시 · 군계획시설 등에 대하여 최초로 지방의회에 보고한 때부터 2년마다 지방의회에 보고하여야 한다. ② 보고를 받은 지방의회는 보고가 접수된 날부터 90일 이내에 해제를 권고하는 서면을 특별시장 · 광역시장 · 특별자치시장 · 특별자치도지사 · 시장 · 군수에게 보내야 한다. ③ 특별시장 · 광역시장 · 특별자치시장 · 특별자치도지사는 해제권고를 받은날부터 **1년** 이내에 해제를 위한 도시 · 군관리계획을 결정하여야 하고, 시장 · 군수는 도지사에게 그 결정을 신청하여야 한다. → 도지사는 1년 이내에 해제를 위한 도시 · 군관리계획을 결정하여야 한다. 이 경우 해제할 수 없다고 인정하는 특별한 사유를 해제권고를 받은 날부터 6개월 이내에 소명하여야 한다.
토지소유자의 해제신청	① 입안권자: 3개월 이내에 입안 여부를 통보하여야 한다. ② 결정권자: 2개월 이내에 결정 여부를 통보하여야 한다. ③ 국장으로부터 해제권고를 받은 경우: 결정권자가 6개월(도시계획위원회의 심의만을 거쳐 해제하는 경우에는 2개월) 이내에 이행되어야 한다.

07 지구단위계획구역

의무적 지정대상	① 정비구역 및 택지개발지구에서 사업이 끝난 후 **10년**이 지난 지역 ② 시가화조정구역 또는 공원에서 해제되는 지역 → 30만m² 이상 ③ 녹지지역에서 주거 · 상업 · 공업지역으로 변경되는 지역 → **30만**m² 이상

도시지역 외 지역에서의 지정요건	지정면적 50% 이상이 계획관리지역(나머지 구역은 생산관리지역 + 보전관리지역)으로서 다음에 해당하는 지역 ① 아파트 또는 연립주택의 건설계획이 포함: 30만m² 이상 → 자연보전권역 또는 초등학교기준 충족: 10만m² 이상 ② 아파트 또는 연립주택의 건설계획이 포함되지 아니한 경우: 3만m² 이상일 것
완 화	도시지역 내에서 건폐율 150%, 용적률 200%, 건축물의 높이제한 120%, 채광 등의 확보를 위한 높이제한 200% 이내, 주차장 설치기준을 100% 이내에서 완화하여 적용할 수 있다.
실 효	① 지구단위계획구역 결정 · 고시 + 3년 이내 지구단위계획 결정 · 고시(X) = 다음 날 ② 지구단위계획 결정 · 고시 + 5년 이내 착수(X) = 다음 날

08 개발행위허가

허가대상	① 1개월 이상 물건쌓기(녹지지역 · 관리지역 · 자연환경보전지역) ② 부지면적 또는 연면적 5% 이내에서 축소는 허가(X)
신고대상	응급조치(1개월 이내 신고)
개발행위규모	① 공업지역 · 관리지역 · 농림지역: 3만m² 미만 ② 보전녹지지역 · 자연환경보전지역: 5천m² 미만 ③ 주거지역 · 상업지역 · 자연녹지지역 · 생산녹지지역: 1만m² 미만
처리기간	15일 이내(협의 또는 심의기간은 제외)에 허가 또는 불허가처분을 하여야 한다.
이행보증금	민간개발행위자에 한하여 총 공사비의 20% 이내에서 이행보증금을 예치(국가 · 지자체 · 공공기관 · 공공단체는 제외)
제한기간	① 녹지지역이나 계획관리지역 + 수목, 조수류, 우량농지, ② 개발행위로 국가유산 등이 오염되거나 손상될 우려가 있는 지역은 최장 3년간 개발행위허가를 제한할 수 있고, ③ 도시 · 군기본계획이나 도시 · 군관리계획을 수립하고 있는 지역, ④ 지구단위계획구역 ⑤ 기반시설부담구역은 최장 5년까지 개발행위허가를 제한할 수 있다.
위반자	허가를 받지 아니하거나 부정한 방법으로 허가를 받아 개발행위를 한 자는 3년 이하의 징역 또는 3천만원 이하의 벌금

09 개발밀도관리구역

대상지역(곤란)	① 차량통행이 현저히 지체되는 지역 ② 도로율이 용도지역별 도로율 기준에 20% 이상 미달하는 지역 ③ 향후 2년 이내 수도수요량 · 하수발생량 초과예상 지역, 향후 2년 이내 학생 수가 학교수용능력을 20% 이상 초과할 것으로 예상되는 지역
강 화	용적률의 최대한도의 50%의 범위 안에서 강화하여 적용한다.

10 기반시설부담구역(대학 제외)

대상지역 (의무적 지정)	① 법령의 제정 · 개정으로 인하여 행위제한이 완화되거나 해제되는 지역 ② 용도지역 등이 변경되거나 해제되어 행위제한이 완화되는 지역 ③ 전년도 개발행위허가 건수가 전전년도 개발행위허가 건수보다 **20%** 이상 증가한 지역 ④ 전년도 인구증가율이 그 지역이 속하는 도시의 인구증가율보다 **20%** 이상 높은 지역
해 제	기반시설부담구역 지정 · 고시일부터 1년이 되는 날까지 기반시설설치계획을 수립하지 아니하면 그 **1년**이 되는 날의 다음 날에 기반시설부담구역의 지정은 해제된 것으로 본다.
지정면적	기반시설부담구역은 기반시설이 적절하게 배치될 수 있는 규모로서 그 면적은 최소 10만m² 이상이 되도록 하여야 한다.
기반시설유발계수	① 위락시설: **2.1** ② 관광휴게시설: **1.9** ③ 제2종 근린생활시설: **1.6** ④ 종교시설, 운수시설, 문화 및 집회시설, 자원순환 관련 시설: **1.4** ⑤ 제1종 근린생활시설, 판매시설: **1.3** ⑥ 숙박시설: **1.0** ⑦ 의료시설: **0.9** ⑧ 방송통신시설: **0.8** ⑨ 단독주택, 공동주택, 교육연구시설, 업무시설, 노유자시설, 수련시설, 교정시설, 국방 · 군사시설: 0.7
설치비용	① 부과대상: 단독주택, 숙박시설 등의 건축물을 200m²를 초과하는 건축물의 신축 · 증축 ② 부과시기: 건축허가를 받은 날부터 2개월 이내 부과 ③ 납부: 사용승인 신청 시까지 토지로 납부(물납)할 수 있다. ④ 연기 및 분할납부: 1년의 범위에서 납부기일을 연기하거나 2년의 범위에서 분할납부를 인정할 수 있다.

11 시범도시(국장이 지정)

보조 및 융자	① 시범도시사업계획의 수립에 소요되는 비용의 80% 이하 ② 시범도시사업의 시행에 소요되는 비용(보상비를 제외)의 50% 이하

PART 02

건축법

건축주

1. 사전결정신청(할 수 있다)

(1) 허가대상 건축물
(2) 동시신청 가능, 협의(환경부장관)
(3) 결정의 통지(공고 X): 결정일부터 7일 이내 결정서 송부

2. 사전결정통지의 효과 ☆☆

(1) 개발행위 · 산지 · 농지 · 하천(의제)
(2) 통지받은 날로부터 2년 이내에 허가를 신청하지 않으면 효력상실

3. 건축허가 및 착공제한 ☆☆☆

(1) 국장: 국토관리, 주무부장관이 요청
(2) 특별시장 · 광역시장 · 도지사: 지역계획, 도시 · 군계획
(3) 제한기간: 2년 이내(연장: 1회 한하여 1년 이내)

4. 허가 취소(의무): 2년 이내 착수(X)

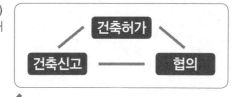

5. 허가권자 ☆☆

(1) 원칙: 특별자치시장 · 특별자치도지사 · 시장 · 군수 · 구청장
(2) 예외: 특별시장 · 광역시장[21층 이상 또는 연면적 합계가 10만m² 이상인 건축물 (공장, 창고는 제외)]

6. 도지사의 사전승인(시장 · 군수) ☆

① 21층 이상 ② 연면적 합계 10만m² 이상		연면적 30% 이상 증축을 포함 (공장, 창고는 제외)
③ 도지사가 지정 · 공고한 구역		
자연환경 · 수질보호	3층 이상 또는 연면적 합계 1천m² 이상	위락시설, 숙박시설, 공동주택, 일반음식점, 일반업무시설
주거환경 · 교육환경보호	규모 제한(X)	위락시설, 숙박시설

7. 국가나 지방자치단체 → 협의를 하면 허가나 신고(의제)

설계 → **착공신고** → **착수** → **안전관리예치금** → **사용승인**

안전관리예치금:
— 예치대상: 1천m² 이상
— 예치금액: 공사비의 1% 이내

사용승인: 건축주 → 허가권자

📝 **건축사 설계대상(허가 · 신고 · 리모델링)**

1. 바닥면적 합계가 85m² 미만의 증축 · 개축 · 재축은 제외
2. 연면적 200m² 미만 + 층수 3층 미만인 건축물의 대수선은 제외

📝 **신고대상(착수기간: 1년, 연장: 1년)** ☆☆

1. 바닥면적의 합계가 85m² 이내의 증축 · 개축 · 재축. 다만, 3층 이상 건축물인 경우에는 건축물 연면적의 1/10 이내인 경우로 한정한다.
2. 대수선 중 내력벽, 기둥, 보, 지붕틀, 방화벽(구획), 주계단, 피난계단 및 특별피난계단을 수선하는 행위
3. 대수선(연면적 200m² 미만이고 3층 미만인 건축물)
4. 연면적 합계 100m² 이하인 건축물의 건축, 높이 3m 이하의 증축, 2층 이하 + 연면적 합계가 500m² 이하인 공장

---

1. 용어정의 ☆☆☆

(1) 주요구조부: 내력벽, 기둥, 바닥, 보, 지붕틀, 주계단 (사이기둥, 작은 보, 최하층 바닥, 차양, 옥외계단 X)
(2) 지하층: 건축물의 바닥이 지표면 아래에 있는 층으로서 바닥에서 지표면까지의 평균 높이가 해당 층 높이의 1/2 이상인 것을 말한다.
(3) 고층건축물: 30층 이상 또는 높이가 120m 이상인 건축물
(4) 초고층건축물: 50층 이상 또는 높이가 200m 이상인 건축물
(5) 도로: 보행과 자동차 통행이 가능한 너비 4m 이상인 도로 및 예정도로
(6) 다중이용건축물: 바닥면적의 합계가 5천m² 이상인 (문) ㉛㉙㉕㉖㉖또는 16층 이상인 건축물
(7) 준다중이용건축물: 바닥면적의 합계가 1천m² 이상인 문화 및 집회시설(동물원 및 식물원은 제외), 종교시설, 판매시설, 여객용 시설, 종합병원, 관광숙박시설 등

2. 건축물의 건축과 대수선 ☆☆☆

(1) 건축물의 건축
① 신축: 건축물이 없는 대지에 새로 건축물을 축조하는 것
② 증축: 건축물이 있는 대지에서 건축면적, 연면적, 층수, 높이를 늘리는 것
③ 개축: 해체 + 종전과 같은 규모의 범위에서 다시 축조하는 것
④ 재축: 멸실 + 연면적 합계, 층수, 동수 및 높이를 종전 규모 이하로 다시 축조하는 것
⑤ 이전: 주요구조부를 해체하지 아니하고 같은 대지의 다른 위치로 옮기는 것
(2) 건축물의 대수선
① 내력벽을 증설, 해체하거나 벽면적 30m² 이상 수선, 변경
② 기둥, 보, 지붕틀을 증설, 해체하거나 3개 이상 수선, 변경
③ 방화벽 또는 방화구획을 위한 바닥이나 벽을 증설, 해체, 수선, 변경
④ 주계단, 피난계단, 특별피난계단을 증설, 해체, 수선, 변경
⑤ 다가구주택 또는 다세대주택의 가구 간 또는 세대 간 경계벽을 증설, 해체, 수선, 변경
⑥ 외벽에 사용하는 마감재료를 증설, 해체하거나 벽면적 30m² 이상 수선, 변경

3. 건축물의 사용승인

(1) 사용승인의 신청: 건축주가 건축공사를 완료한 후 그 건축물을 사용하려면 공사감리자가 작성한 감리완료보고서와 공사완료도서를 첨부하여 허가권자에게 사용승인을 신청하여야 한다.
(2) 사용승인서의 교부: 7일 이내에 사용승인을 위한 검사를 실시하고, 검사에 합격된 건축물에 대하여 사용승인서를 내주어야 한다.
(3) 건축물의 사용시기
① 원칙: 사용승인을 받은 후 사용 가능
② 예외: 사용승인을 받지 아니하고 건축물을 사용할 수 있는 경우

| ㉠ 허가권자가 교부기간 이내에 사용승인서를 교부하지 아니한 경우 |
| ㉡ 임시사용승인(2년 이내)을 한 경우 |

빈칸완성 한번 더!

건축주

1. 사전결정신청([　　　])

(1) 허가대상 건축물
(2) 동시신청 가능, 협의(환경부장관)
(3) 결정의 통지(공고 X): 결정일부터 7일 이내 결정서 송부

2. 사전결정통지의 효과 ☆☆

(1) 개발행위 · 산지 · 농지 · 하천(의제)
(2) 통지받은 날로부터 [　] 이내에 허가를 신청하지 않으면 효력상실

3. 건축허가 및 착공제한 ☆☆☆☆

(1) [　　]: 국토관리, 주무부장관이 요청
(2) 특별시장 · 광역시장 · 도지사: 지역계획, 도시 · 군계획
(3) 제한기간: [　] 이내(연장: 1회 한하여 [　])

4. 허가 취소(의무): 2년 이내 착수(X)

```
           건축허가
          /        \
      건축신고 ──── 협의
```

5. 허가권자 ☆☆

(1) 원칙: 특별자치시장 · 특별자치도지사 · 시장 · 군수 · 구청장
(2) 예외: 특별시장 · 광역시장[21층 이상 또는 연면적 합계가 10만m² 이상인 건축물 ([　　　]는 제외)]

6. 도지사의 사전승인(시장 · 군수) ☆

①		연면적 30% 이상 증축을 포함
② 연면적 합계 10만m² 이상		([　　　]는 제외)
③ 도지사가 지정 · 공고한 구역		
[　　　]	3층 이상 또는 연면적 합계 [　　]	위락시설, 숙박시설, 공동주택, 일반음식점, [　　]
주거환경 · 교육환경보호	규모 제한(X)	위락시설, 숙박시설

7. 국가나 지방자치단체 → [　　]를 하면 허가나 신고(의제)

설계 → **착공신고** → **착수** → **안전관리예치금** → **사용승인**

안전관리예치금
┌ 예치대상: 1천m² 이상
└ 예치금액: 공사비의 1% 이내

사용승인
건축주 → 허가권자

✎ 건축사 설계대상(허가 · 신고 · 리모델링)

1. 바닥면적 합계가 85m² 미만의 증축 · 개축 · 재축은 제외
2. 연면적 200m² 미만 + 층수 3층 미만인 건축물의 대수선은 제외

✎ 신고대상(착수기간: 1년, 연장: 1년) ☆☆

1. 바닥면적의 합계가 [　　] 이내의 증축 · 개축 · 재축. 다만, 3층 이상 건축물인 경우에는 건축물 연면적의 1/10 이내인 경우로 한정한다.
2. 대수선 중 내력벽, 기둥, 보, 지붕틀, 방화벽(구획), 주계단, 피난계단 및 특별피난계단을 [　　]하는 행위
3. 대수선(연면적 [　　] 미만이고 [　　] 미만인 건축물)
4. 연면적 합계 [　　] 이하인 건축물의 건축, 높이 3m 이하의 증축, 2층 이하 + 연면적 합계가 [　　] 이하인 공장

---

1. 용어정의 ☆☆☆☆

(1) 주요구조부: [　　], 기둥, 바닥, 보, 지붕틀, [　　] (사이기둥, 작은 보, 최하층 바닥, 차양, 옥외계단 X)
(2) 지하층: 건축물의 바닥이 지표면 아래에 있는 층으로서 바닥에서 지표면까지의 평균 높이가 해당 층 높이의 [　] [　] 것을 말한다.
(3) 고층건축물: [　] 이상 또는 높이가 [　　] 이상인 건축물
(4) 초고층건축물: [　] 이상 또는 높이가 [　　] 이상인 건축물
(5) 도로: 보행과 자동차 통행이 가능한 너비 4m 이상인 도로 및 [　　]
(6) [　　]: 바닥면적의 합계가 5천m² 이상인 ⓕ ⓒ ⓟ ⓔ ⓒ ⓒ 또는 16층 이상인 건축물
(7) [　　　]: 바닥면적의 합계가 1천m² 이상인 문화 및 집회시설(동물원 및 식물원은 제외), 종교시설, 판매시설, 여객용 시설, 종합병원, 관광숙박시설 등

2. 건축물의 건축과 대수선 ☆☆☆

(1) 건축물의 건축
① 신축: 건축물이 없는 대지에 새로 건축물을 축조하는 것
② [　　]: 건축물이 있는 대지에서 건축면적, 연면적, 층수, 높이를 늘리는 것
③ 개축: 해체 + 종전과 같은 규모의 범위에서 다시 축조하는 것
④ [　　]: 멸실 + 연면적 합계, 층수, 동수 및 높이를 종전 규모 이하로 다시 축조하는 것
⑤ 이전: 주요구조부를 해체하지 아니하고 [　　　]의 다른 위치로 옮기는 것

(2) 건축물의 대수선
① 내력벽을 증설, 해체하거나 벽면적 30m² 이상 수선, 변경
② 기둥, 보, [　　]을 증설, 해체하거나 3개 이상 수선, 변경
③ 방화벽 또는 방화구획을 위한 바닥이나 벽을 증설, 해체, 수선, 변경
④ 주계단, 피난계단, 특별피난계단을 증설, 해체, 수선, 변경
⑤ [　　　] 또는 다세대주택의 가구 간 또는 세대 간 경계벽을 증설, 해체, 수선, 변경
⑥ 외벽에 사용하는 마감재료를 증설, 해체하거나 벽면적 30m² 이상 수선, 변경

3. 건축물의 사용승인

(1) 사용승인의 신청: 건축주가 건축공사를 완료한 후 그 건축물을 사용하려면 공사감리자가 작성한 감리완료보고서와 공사완료도서를 첨부하여 허가권자에게 사용승인을 신청하여야 한다.
(2) 사용승인서의 교부: 7일 이내에 사용승인을 위한 검사를 실시하고, 검사에 합격된 건축물에 대하여 사용승인서를 내주어야 한다.
(3) 건축물의 사용시기
① 원칙: 사용승인을 받은 후 사용 가능
② 예외: 사용승인을 받지 아니하고 건축물을 사용할 수 있는 경우
> ㉠ 허가권자가 교부기간 이내에 사용승인서를 교부하지 아니한 경우
> ㉡ 임시사용승인([　]년 이내)을 한 경우

핵심 POINT

POINT 01 용어의 정의 ★★★

건축물
① 토지에 정착하는 공작물 중 지붕과 기둥 또는 벽이 있는 것
② 지하나 고가의 공작물에 설치하는 사무소 · 공연장 · 점포 · 차고 · 창고

주요구조부
내력벽, 기둥, 바닥, 보, 지붕틀, 주계단   암기TIP 내 기준에는 바보지!

지하층
바닥 ~ 지표면까지 평균 높이가 해당 층 높이의 1/2 이상인 것

다중이용건축물
① [㉠ 문화 및 집회시설(동물원 · 식물원 제외), ㉡ 종교시설, ㉢ 판매시설, ㉣ 여객용 시설, ㉤ 종합병원, ㉥ 관광숙박시설] + 바닥면적의 합계가 5천m² 이상인 건축물   암기TIP 여관에서 종총 문판다.
② 16층 이상인 건축물

준다중이용건축물
① 바닥면적의 합계가 1천m² 이상인 건축물 + [㉠ 문화 및 집회시설 (동물원 · 식물원 제외), ㉡ 종교시설, ㉢ 판매시설, ㉣ 여객용 시설, ㉤ 종합병원, ㉥ 관광숙박시설, ㉦ 교육연구시설, ㉧ 노유자시설, ㉨ 운동시설, ㉩ 위락시설, ㉪ 관광휴게시설, ㉫ 장례시설]
② 동물원, 식물원, 업무시설, 수련시설, 제1종 · 제2종 근린생활시설 → 제외   암기TIP 업수근氏 동·식물원 제외

특수구조건축물
① 한쪽 끝은 고정되고 다른 끝은 지지(支持)되지 아니한 구조로 된 보, 차양 등이 외벽(외벽이 없는 경우에는 외곽기둥을 말한다)의 중심선으로부터 3m 이상 돌출된 건축물
② 기둥과 기둥 사이의 거리(기둥의 중심선 사이의 거리를 말한다)가 20m 이상인 건축물

POINT 02 신고대상 공작물 ★★

① 높이 2m 초과: 옹벽, 담장
② 높이 4m 초과: 장식탑 · 기념탑 · 첨탑 · 광고탑 · 광고판
③ 높이 6m 초과: 굴뚝, 철탑 ← 골프연습장 등의 운동시설을 위한 철탑과 주거지역·상업지역에 설치하는 통신용 철탑
④ 높이 8m 초과: 고가수조

비교정리 높이 8m 이하: 기계식 주차장 + 외벽이 없는 것

⑤ 바닥면적 30m² 초과: 지하대피호
⑥ 높이 5m 초과: 태양에너지를 이용한 발전설비

POINT 03 「건축법」 적용대상 ★★★

「건축법」을 적용하지 않는 건축물

① 지정문화유산 · 임시지정 문화유산, 명승 · 임시지정명승
② 운전보안시설
③ 철도 선로의 위나 아래를 가로지르는 보행시설
④ 플랫폼   → 철도 선로 부지에 있는 시설
⑤ 급수 · 급탄 및 급유시설
⑥ 고속도로 통행료 징수시설
⑦ 컨테이너를 이용한 간이창고(공장의 용도로만 사용 + 이동이 쉬운 것)
⑧ 하천구역 내의 수문조작실

전면적 적용대상지역   도시지역, 비도시지역의 지구단위계획구역, 동 또는 읍

섬(인구 500명 이상)

전면적 적용대상 지역 외의 지역에서 적용하지 않는 규정

① 대지와 도로의 관계   ② 도로의 지정 · 폐지 · 변경
③ 건축선의 지정   ④ 건축선에 따른 건축제한
⑤ 방화지구   ⑥ 분할제한

전면적 적용대상지역 외의 지역에서 적용하는 규정
건폐율, 용적률, 건축물의 높이제한은 적용한다.

POINT 04 용도별 건축물의 종류 ☆

- **단독주택**: 단독주택, 다중주택(3개층 이하 + 660m² 이하), 다가구주택(3개층 이하, 660m² 이하 + 19세대 이하), 공관

- **공동주택**: 아파트(5개층 이상), 연립주택(4개층 이하 + 660m² 초과), 다세대주택(4개층 이하 + 660m² 이하), 기숙사

- **제1종 근린생활시설**: 의원, 치과의원, 한의원, 침술원, 접골원, 조산원, 안마원, 산후조리원, 마을회관, 마을공동작업소, 마을공동구판장, 공중화장실, 탁구장 · 체육도장(500m² 미만), 동물병원 · 동물미용실(300m² 미만)

- **제2종 근린생활시설**: 서점(1,000m² 이상), 총포판매소, 일반음식점, 장의사, 동물병원 · 동물미용실(300m² 이상), 독서실, 기원, 다중생활시설(500m² 미만), 단란주점(바닥면적의 합계가 150m² 미만), 안마시술소, 노래연습장, 테니스장 · 볼링장 · 당구장 · 골프연습장(500m² 미만)

- **문화 및 집회시설**: 공연장(바닥면적의 합계가 500m² 이상인 것), 집회장(예식장, 회의장 등), 관람장(경마장, 경륜장 등), 전시장(박물관, 미술관 등), 동 · 식물원

- **운수시설**: 여객자동차터미널, 철도시설, 공항시설, 항만시설

- **의료시설**: 종합병원, 병원, 치과병원, 한방병원, 정신병원 및 요양병원, 전염병원

- **교육연구시설**: 유치원, 도서관

- **노유자시설**: 아동 관련 시설(어린이집, 아동복지시설), 노인복지시설

- **수련시설**: 유스호스텔, 청소년야영장

- **운동시설**: 체육관으로서 관람석이 없거나 관람석의 바닥면적이 1,000m² 미만인 것

- **업무시설**: 오피스텔

- **숙박시설**: 일반숙박시설 및 생활숙박시설, 관광숙박시설(관광호텔, 휴양 콘도미니엄), 다중생활시설(바닥면적의 합계가 500m² 이상)

- **위락시설**: 단란주점(바닥면적의 합계가 150m² 이상), 무도장, 무도학원, 카지노영업소

- **창고시설**: 하역장, 물류터미널, 집배송시설

- **위험물 저장 및 처리시설**: 주유소, 석유판매소, 액화가스취급소 · 판매소, 도료류 판매소

- **자동차 관련 시설**: 주차장, 세차장, 폐차장, 검사장, 매매장, 정비공장, 운전학원, 정비학원

- **동물 및 식물 관련 시설**: 도축장, 도계장, 작물재배사, 종묘배양시설, 화초 및 분재 등의 온실

- **자원순환 관련 시설**: 하수 등 처리시설, 고물상, 폐기물재활용시설

- **방송통신시설**: 방송국, 전신전화국, 촬영소, 데이터센터

- **묘지 관련 시설**: 화장시설, 봉안당, 동물화장시설

- **관광휴게시설**: 야외음악당, 야외극장, 어린이회관, 관망탑, 휴게소

- **장례시설**: 장례식장(의료시설의 부수시설에 해당하는 것은 제외), 동물전용의 장례식장

POINT 05 건축허가 및 건축신고 ☆☆☆

- **사전결정신청**:
  ① 사전결정신청: 허가대상 건축물을 건축하려는 자는 허가권자에게 사전결정을 신청할 수 있다.
  ② 동시신청: 건축위원회의 심의 + 교통영향평가서의 검토를 동시에 신청할 수 있다.
  ③ 협의: 소규모 환경영향평가대상인 경우 환경부장관과 협의하여야 한다.
  ④ 통지(공고 X)의 효과: 개발행위허가, 산지전용허가, 농지전용허가, 하천점용허가를 받은 것으로 본다. 다만, 보전산지인 경우에는 도시지역만 해당한다.
  → 7일 이내 송부
  ⑤ 건축허가 신청기간: 2년 이내에 건축허가를 신청하지 않으면 효력 상실

- **허가권자**:
  ① 원칙: 특별자치시장, 특별자치도지사, 시장, 군수, 구청장
  ② 예외: 특별시장, 광역시장[층수가 21층 이상인 건축물 또는 연면적의 합계 10만m² 이상 건축물(공장, 창고는 제외)]

- **도지사의 사전승인**: → 50일 이내에 승인 여부를 통보
  ① 층수가 21층 이상인 건축물 ② 연면적 합계 10만m² 이상인 건축물(공장, 창고는 제외)
  ③ 자연환경, 수질보호 + 3층 이상 또는 연면적 합계 1,000m² 이상 + 위락시설, 숙박시설, 공동주택, 일반음식점, 일반업무시설 [암기TIP] 위숙이 공일일
  ④ 주거환경, 교육환경 + (위)락시설, (숙)박시설

- **건축허가**: 2년 이내에 착수 X(1년의 범위에서 연장 O) → 허가를 취소하여야 한다.

- **건축허가의 제한**:
  ① 제한권자
    ㉠ 국장 → ⓐ 국토관리
         ⓑ 주무부장관이 요청하는 경우(국방, 국가유산의 보존, 환경보전, 국민 경제)
    ㉡ 특별시장 · 광역시장 · 도지사 → 지역계획이나 도시 · 군계획
  ② 사후보고: 특별시장 · 광역시장 · 도지사가 건축허가나 착공을 제한 → 국장에게 즉시 보고 → 보고를 받은 국장은 해제를 명할 수 있다.
  ③ 제한절차: 주민의견청취 + 건축위원회 심의
  ④ 제한기간: 2년 이내. 1회에 한하여 1년의 범위에서 연장할 수 있다.
  ⑤ 공고: 국장, 특별시장, 광역시장, 도지사(통보) → 허가권자(공고)

- **건축신고대상**:
  ① 바닥면적 합계가 85m² 이내의 증축 · 개축 · 재축, ② 대수선(연면적 200m² 미만 + 3층 미만), ③ 연면적 합계가 100m² 이하인 건축물의 건축, ④ 높이 3m 이하의 증축, ⑤ 연면적의 합계가 500m² 이하 + 2층 이하인 공장의 건축, ⑥ [내력벽, 기둥, 보, 지붕틀, 방화벽, 주계단 · 피난계단 · 특별피난계단] + 수선하는 대수선

- **건축신고**: 1년 이내에 착수 X(1년의 범위에서 연장 O) → 신고의 효력이 없어진다.

핵심 OX 지문

용어정의

01 주요구조부란 내력벽, 기둥, 최하층 바닥, 작은 보, 지붕틀 및 주계단을 말한다. (   )

02 지하층은 건축물의 바닥이 지표면 아래에 있는 층으로서 바닥에서 지표면까지 평균 높이가 해당 층 높이의 3분의 1 이상인 것을 말한다. (   )

03 '고층건축물'에 해당하려면 건축물의 층수가 30층 이상이고 높이가 120m 이상이어야 한다. (   )

04 관광휴게시설로 사용하는 바닥면적의 합계가 5천m² 이상인 건축물은 다중이용건축물에 해당한다. (   )

05 한쪽 끝은 고정되고 다른 끝은 지지되지 아니한 구조로 된 차양이 외벽(외벽이 없는 경우에는 외곽 기둥을 말함)의 중심선으로부터 3m 이상 돌출된 건축물은 특수구조건축물에 해당한다. (   )

06 건축물을 이전하는 것은 '건축'에 해당한다. (   )

07 재축은 기존 건축물의 전부 또는 일부를 해체하고 그 대지에 종전과 같은 규모의 범위에서 건축물을 다시 축조하는 것을 말한다. (   )

08 건축물이 천재지변으로 멸실된 경우 그 대지에 종전 규모보다 연면적의 합계를 늘려 건축물을 다시 축조하는 것은 '재축'에 해당한다. (   )

09 건축물의 주요구조부를 해체하지 아니하고 같은 대지에서 옆으로 5m 옮기는 것은 '이전'에 해당한다. (   )

10 기존 건축물이 있는 대지에서 건축물의 내력벽을 증설하여 건축면적을 늘리는 것은 '대수선'에 해당한다. (   )

11 내력벽을 수선하더라도 수선되는 벽면적의 합계가 30m² 미만인 경우에는 대수선에 포함되지 않는다. (   )

12 건축물의 내력벽을 해체하여 같은 대지의 다른 위치로 옮기는 것은 '이전'에 해당한다. (   )

13 고속도로 통행료 징수시설을 건축하는 경우에는 「건축법」상 대지의 분할제한 규정이 적용되지 않는다. (   )

14 철도의 선로 부지에 있는 운전보안시설은 「건축법」의 적용을 받지 않는 건축물이다. (   )

15 높이 4m의 장식탑을 축조하려는 경우에는 특별자치시장·특별자치도지사 또는 시장·군수·구청장에게 신고하여야 하는 공작물에 해당한다. (   )

정답

01 X 최하층 바닥과 작은 보는 주요구조부에 해당하지 않는다.   02 X 해당 층 높이의 2분의 1 이상이어야 한다.   03 X 고층건축물이란 층수가 30층 이상이거나 높이가 120m 이상인 건축물을 말한다.   04 X 관광휴게시설로 사용하는 바닥면적의 합계가 5천m² 이상인 건축물은 다중이용건축물에 해당하지 않는다.   05 O   06 O   07 X 개축에 해당한다.   08 X 신축에 해당한다.   09 O   10 X 증축에 해당한다.   11 O   12 X 내력벽을 해체하지 아니하고 다른 위치로 옮기는것이 이전에 해당한다.   13 O   14 O   15 X 장식탑은 높이 4m를 초과하는 경우에 신고대상이다.

건축물의 건축 등

01 사전결정을 할 수 있는 자는 건축허가권자이다. (　)

02 사전결정신청자는 사전결정을 통지받은 날부터 2년 이내에 착공신고를 하여야 하며, 이 기간에 착공신고를 하지 아니하면 사전결정의 효력이 상실된다. (　)

03 사전결정통지를 받은 경우에는 「농지법」 제34조에 따른 농지전용허가를 받은 것으로 본다. (　)

04 분양을 목적으로 하는 공동주택의 건축주가 그 대지를 사용할 수 있는 권원을 확보한 경우에는 해당 대지의 소유권을 확보하지 않아도 된다. (　)

05 국방부장관이 국방을 위하여 특히 필요하다고 인정하여 요청하면 국토교통부장관은 허가권자의 건축허가를 제한할 수 있다. (　)

06 교육감이 교육환경의 개선을 위하여 특히 필요하다고 인정하여 요청하면 국토교통부장관은 허가를 받은 건축물의 착공을 제한할 수 있다. (　)

07 건축허가를 제한하는 경우 제한기간은 2년 이내로 하며, 그 기간은 연장할 수 없다. (　)

08 특별시장은 지역계획에 특히 필요하다고 인정하면 관할 구청장의 건축허가를 제한할 수 있다. (　)

09 도지사가 관할 군수의 건축허가를 제한한 경우, 국토교통부장관은 제한내용이 지나치다고 인정하면 해제를 명할 수 있다. (　)

10 건축신고를 한 자가 신고일부터 1년 이내에 공사에 착수하지 아니하면 그 신고의 효력은 없어진다. (　)

11 연면적의 합계가 200m²인 건축물의 높이를 2m 증축할 경우 건축신고를 하면 건축허가를 받은 것으로 본다. (　)

12 연면적 180m²인 2층 건축물의 대수선은 건축신고를 하면 건축허가를 받은 것으로 본다. (　)

13 연면적 270m²인 3층 건축물의 방화벽 수선은 건축신고를 하면 건축허가를 받은 것으로 본다. (　)

14 바닥면적 100m²인 단층 건축물의 신축은 건축신고를 하면 건축허가를 받은 것으로 본다. (　)

15 연면적 150m²인 3층 건축물의 피난계단을 증설하는 행위는 건축신고를 하면 건축허가를 받은 것으로 본다. (　)

16 건축주가 건축허가를 받은 이후에 공사시공자를 변경하는 경우에는 허가권자에게 신고하여야 한다. (　)

✓ 정답

01 ○　02 X 2년 이내에 건축허가를 신청하여야 한다.　03 ○　04 X 분양을 목적으로 하는 공동주택의 경우에는 대지의 소유권을 확보하여야 한다.　05 ○　06 X 교육감은 요청할 수 없다.　07 X 1회에 한하여 1년의 범위에서 연장할 수 있다.　08 ○　09 ○　10 ○　11 ○　12 ○　13 ○　14 ○　15 X 신고대상이 아니라 허가대상에 해당한다.　16 ○

1. 건축물의 용도변경 ☆☆☆ 특별자치시장, 특별자치도지사, 시장, 군수, 구청장(특별시장 X, 광역시장 X)

시설군	세부용도	허가	신고	사용승인	건축사설계
(1) 자동차 관련 시설군	자동차 관련 시설	↑	↓	허가 또는 신고대상 중에서 100m² 이상인 용도변경 (500m² 미만 대수선 X)	허가대상 중에서 500m² 이상인 용도변경
(2) 산업 등의 시설군	공장, 창고시설, 위험물저장 및 처리시설, 장례시설, 자원순환 관련 시설, 운수시설, 묘지 관련 시설				
(3) 전기통신시설군	방송통신시설, 발전시설				
(4) 문화 및 집회시설군	종교시설, 관광휴게시설, 위락시설, 문화 및 집회시설				
(5) 영업시설군	운동시설, 숙박시설, 판매시설, 다중생활시설				
(6) 교육 및 복지시설군	노유자시설, 교육연구시설, 수련시설, 야영장시설, 의료시설				
(7) 근린생활시설군	제1종·제2종 근린생활시설(다중생활시설은 제외)				
(8) 주거업무시설군	단독주택, 공동주택, 업무시설, 교정시설, 국방·군사시설				
(9) 그 밖의 시설군	동물 및 식물 관련 시설			같은 시설군 안에서 용도변경 → 건축물대장 기재내용 변경신청(같은 호는 제외)	

2. 대지와 도로 ☆☆☆

대지의 조경	대지와 도로의 관계
(1) 원칙: 면적이 200m² 이상인 대지에 건축을 하는 건축주는 조경의무가 있다. (2) 예외: 조경의무(X) ① 녹지지역 안의 건축물 ② 공장 ③ 축사 ④ 도시·군계획시설 + 가설건축물 ⑤ 연면적 합계가 1,500m² 미만인 물류 시설(주거지역, 상업지역은 조경의무가 있다) ⑥ 관리지역, 농림지역, 자연환경보전지역 안의 건축물(지구단위계획구역으로 지정된 지역은 조경의무가 있다)	(1) 건축물의 대지는 2m 이상이 도로에 접하여야 한다. (2) 연면적의 합계가 2,000m²(공장은 3,000m²) 이상인 건축물은 너비 6m 이상의 도로에 4m 이상 접하여야 한다. (3) 건축물과 담장은 건축선의 수직면을 넘어서는 아니 된다. 다만, 지표 아래 부분은 수직면을 넘을 수 있다. (4) 도로면으로부터 높이 4.5m 이하에 있는 출입구, 창문은 열고 닫을 때 건축선의 수직면을 넘지 아니하는 구조로 하여야 한다.

3. 공개공지 등(소규모 휴식시설) ☆☆☆

설치대상지역	설치규모	용도
• 일반주거지역 • 준주거지역 • 상업지역 • 준공업지역	바닥면적의 합계가 5,000m² 이상	• 문화 및 집회시설 • 판매시설(농수산물유통시설은 제외) • 업무시설 • 숙박시설 • 종교시설 • 운수시설(여객용 시설만 해당)

(1) 확보면적: 대지면적의 10/100 이하의 범위에서 건축조례로 정한다. 이 경우 조경면적과 매장유산의 현지 보존 조치 면적을 공개공지 등의 면적으로 할 수 있다.
(2) 설치기준: 공개공지는 필로티의 구조로 설치할 수 있다.

> ① 모든 사람들이 환경친화적으로 편리하게 이용할 수 있도록 긴 의자 또는 조경시설 등 건축조례로 정하는 시설을 설치해야 한다.
> ② 공개공지 등에 물건을 쌓아놓거나 출입을 차단하는 시설을 설치하는 등 공개공지 등의 활용을 저해하는 행위를 하여서는 아니 된다.

(3) 법 적용의 완화
　① 공개공지 등을 설치한 경우에는 건폐율, 용적률과 건축물의 높이제한을 대통령령으로 정하는 바에 따라 완화하여 적용할 수 있다(법률).
　② 대지면적에 대한 공개공지 등의 면적 비율에 따라 용적률과 건축물의 높이제한을 다음의 범위에서 완화하여 적용한다(대통령령).

> ㉠ 용적률은 해당 지역에 적용하는 용적률의 1.2배 이하
> ㉡ 건축물의 높이제한은 해당 건축물에 적용하는 높이기준의 1.2배 이하

4. 면적 및 높이 등의 산정방법 ☆☆

(1) 대지면적: 대지의 수평투영면적
(2) 건축면적: 건축물의 외벽의 중심선으로 둘러싸인 부분의 수평투영면적
(3) 바닥면적: 벽, 기둥, 그 밖에 이와 비슷한 구획의 중심선으로 둘러싸인 부분의 수평투영면적

> ① 벽, 기둥의 구획이 없는 건축물은 그 지붕 끝부분으로부터 수평거리 1m를 후퇴한 선으로 둘러싸인 수평투영면적
> ② 건축물의 노대 등의 바닥은 난간 등의 설치 여부에 관계없이 노대 등의 면적에서 노대 등이 접한 가장 긴 외벽에 접한 길이에 1.5m를 곱한 값을 뺀 면적을 바닥면적에 산입한다.
> ③ 필로티나 그 밖에 이와 비슷한 구조의 부분은 그 부분이 공중의 통행이나 차량의 통행 또는 주차에 전용되는 경우와 공동주택의 경우에는 바닥면적에 산입하지 아니한다.
> ④ 승강기탑, 계단탑, 장식탑, 다락[층고가 1.5m(경사진 형태의 지붕인 경우에 1.8m) 이하인 것], 굴뚝은 바닥면적에 산입하지 아니한다.
> ⑤ 공동주택으로서 지상층에 설치한 기계실, 전기실, 어린이놀이터 및 조경시설 및 생활폐기물 보관시설의 면적은 바닥면적에 산입하지 아니한다.

(4) 연면적: 하나의 건축물 각 층의 바닥면적의 합계 → ① 지하층, ② 지상층의 부속용도의 주차용 면적, ③ 피난안전구역, ④ 대피공간 면적 → 용적률 산정 시 연면적에서 제외한다.
(5) 층수 산정방법

> ① 승강기탑, 계단탑, 망루, 장식탑, 옥탑, 그 밖에 이와 비슷한 건축물의 옥상부분으로서 그 수평투영면적의 합계가 해당 건축물 건축면적의 1/8 이하인 것과 지하층은 층수에서 산입하지 아니한다.
> ② 층의 구분이 명확하지 아니한 건축물은 그 건축물의 높이 4m마다 하나의 층으로 산정한다.
> ③ 건축물이 부분에 따라 그 층수가 다른 경우에는 그중 가장 많은 층수를 그 건축물의 층수로 본다.

빈칸완성 한번 더!

1. 건축물의 용도변경 ☆☆☆ 특별자치시장, 특별자치도지사, 시장, 군수, 구청장(◻ X, ◻ X)

시설군	세부용도	◻	신고	사용승인	건축사설계
(1) ㉔동차 관련 시설군	자동차 관련 시설			허가 또는	
(2) ◻	공장, 창고시설, 위험물저장 및 처리시설, 장례시설, 자원순환 관련 시설, ◻ 묘지 관련 시설			신고대상 중에서 100m²	허가대상 중에서 500m²
(3) ㉒기통신시설군	방송통신시설, ◻			이상인 용도변경	이상인 용도변경
(4) ㉓화 및 집회시설군	종교시설, 관광휴게시설, ◻ 문화 및 집회시설			(500m²	
(5) ◻	운동시설, ◻ 판매시설, ◻			미만	
(6) ㉑육 및 복지시설군	노유자시설, ◻, 수련시설, 야영장시설, 의료시설			대수선 X	
(7) ㉘린생활시설군	제1종·제2종 근린생활시설(◻ 은 제외)				
(8) ◻	단독주택, 공동주택, 업무시설, ◻, ◻				
(9) ㉓밖의 시설군	동물 및 식물 관련 시설			같은 시설군 안에서 용도변경 → 건축물 대장 기재내용 변경신청(같은 호는 제외)	

2. 대지와 도로 ☆☆☆

대지의 조경	대지와 도로의 관계
(1) 원칙: 면적이 200m² 이상인 대지에 건축을 하는 건축주는 조경의 무가 있다. (2) 예외: 조경의무(X) ① ◻ 안의 건축물 ② 공장 ③ 축사 ④ 도시·군계획시설 + ◻ ⑤ 연면적 합계가 1,500m² 미만인 물류 시설(◻, 상업지역 은 조경의무가 있다) ⑥ 관리지역, 농림지역, 자연환경 보전지역 안의 건축물(지구단 위계획구역으로 지정된 지역은 조경의무가 있다)	(1) 건축물의 대지는 ◻ 이상이 도로 에 접하여야 한다. (2) 연면적의 합계가 2,000m²(공장은 ◻) 이상인 건축물은 너비 6m 이상의 도로에 4m 이상 접하 여야 한다. (3) 건축물과 담장은 건축선의 수직면 을 넘어서는 아니 된다. 다만, ◻ 부분은 수직면을 넘을 수 있다. (4) 도로면으로부터 높이 ◻ 이하 에 있는 출입구, 창문은 열고 닫 을 때 건축선의 수직면을 넘지 아니하는 구조로 하여야 한다.

3. 공개공지 등(소규모 휴식시설) ☆☆☆

설치대상지역	설치규모	용도
• ㉙반주거지역 • ㉗주거지역 • ◻ • ◻	바닥면적의 합계가 ◻ 이상	• 문화 및 집회시설 • 판매시설(◻ 은 제외) • 업무시설 • 숙박시설 • 종교시설 • 운수시설(여객용 시설만 해당)

(1) 확보면적: 대지면적의 ◻ 이하의 범위에서 건축조례로 정한다. 이 경우 조경면적과 매장 유산의 현지 보존 조치 면적을 공개공지 등의 면적으로 할 수 있다.
(2) 설치기준: 공개공지는 필로티의 구조로 설치할 수 있다.

> ① 모든 사람들이 환경친화적으로 편리하게 이용할 수 있도록 긴 의자 또는 조경시설 등 건축조례로 정하는 시설을 설치해야 한다.
> ② 공개공지 등에 물건을 쌓아놓거나 출입을 차단하는 시설을 설치하는 등 공개공지 등의 활용을 저 해하는 행위를 하여서는 아니 된다.

(3) 법 적용의 완화
  ① 공개공지 등을 설치한 경우에는 건폐율, 용적률과 건축물의 높이제한을 대통령령으로 정하 는 바에 따라 완화하여 적용할 수 있다(법률).
  ② 대지면적에 대한 공개공지 등의 면적 비율에 따라 용적률과 건축물의 높이제한을 다음의 범 위에서 완화하여 적용한다(대통령령).

> ㉠ 용적률은 해당 지역에 적용하는 용적률의 ◻ 이하
> ㉡ 건축물의 높이제한은 해당 건축물에 적용하는 높이기준의 ◻ 이하

4. 면적 및 높이 등의 산정방법 ☆☆

(1) 대지면적: 대지의 수평투영면적
(2) 건축면적: 건축물의 ◻ 의 중심선으로 둘러싸인 부분의 수평투영면적
(3) 바닥면적: 벽, 기둥, 그 밖에 이와 비슷한 ◻ 으로 둘러싸인 부분의 수평투영면적

> ① 벽, 기둥의 구획이 없는 건축물은 그 지붕 끝부분으로부터 수평거리 ◻ 를 후퇴한 선으로 둘러싸 인 수평투영면적
> ② 건축물의 노대 등의 바닥은 난간 등의 설치 여부에 관계없이 노대 등의 면적에서 노대 등이 접한 가장 긴 외벽에 접한 길이에 ◻ 를 곱한 값을 뺀 면적을 바닥면적에 산입한다.
> ③ ◻ 그 밖에 이와 비슷한 구조의 부분은 그 부분이 공중의 통행이나 차량의 통행 또는 ◻ 에 ◻ 되는 경우와 공동주택의 경우에는 바닥면적에 산입하지 ◻.
> ④ 승강기탑, 계단탑, 장식탑, ◻ 층고가 1.5m(경사진 형태의 지붕인 경우에 ◻) 이하인 것, 굴뚝 은 바닥면적에 산입하지 아니한다.
> ⑤ 공동주택으로서 ◻ 에 설치한 기계실, 전기실, 어린이놀이터 및 조경시설 및 생활폐기물 보관 시설의 면적은 바닥면적에 산입하지 ◻.

(4) 연면적: 하나의 건축물 각 층의 바닥면적의 합계 → ① ◻, ② 지상층의 부속용도의 주차 용 면적, ③ ◻, ④ 대피공간 면적 → 용적률 산정 시 연면적에서 ◻ 한다.
(5) 층수 산정방법

> ① 승강기탑, 계단탑, 망루, 장식탑, 옥탑, 그 밖에 이와 비슷한 건축물의 옥상부분으로서 그 수평투영 면적의 합계가 해당 건축물 건축면적의 ◻ 인 것과 ◻ 은 층수에서 산입하지 ◻.
> ② 층의 구분이 명확하지 아니한 건축물은 그 건축물의 높이 ◻ 마다 하나의 층으로 산정한다.
> ③ 건축물이 부분에 따라 그 층수가 다른 경우에는 그중 ◻ 를 그 건축물의 층수로 본다.

핵심 POINT

POINT 01 대지와 도로 ☆☆

옹벽의 설치
① 성토 또는 절토하는 부분의 경사도가 1 : 1.5 이상으로서 높이가 1m 이상인 부분에는 옹벽을 설치할 것
② 옹벽의 외벽면에는 지지 또는 배수를 위한 시설 외의 구조물이 밖으로 튀어나오지 않게할 것

공개공지 설치대상
알기TIP 일준이, 상준이
일반주거지역, 준주거지역, 상업지역, 준공업지역 + 5천m² 이상 + [문화 및 집회시설, 종교시설, 판매시설(농수산물유통시설은 제외), 운수시설(여객용 시설), 업무시설, 숙박시설] → 위락시설 X, 종합병원 X
알기TIP 문을 판매하는 업종은 허리를 숙여야 한다.

공개공지 확보면적 대지면적의 100분의 10 이하 + 건축조례

공개공지 설치 시 완화규정 용적률(1.2배 이하), 건축물의 높이제한(1.2배 이하)

공개공지 등의 활용 공개공지 등에는 연간 60일 이내의 기간 동안 건축조례로 정하는 바에 따라 주민들을 위한 문화행사를 열거나 판촉활동을 할 수 있다.

도로의 지정 · 폐지 및 변경

- **도로의 지정** 이해관계인의 동의 O
  - **예외** 이해관계인이 해외 거주 / 주민이 사실상 통로로 이용 } 이해관계인의 동의 X 건축위원회 심의 O
- **도로의 폐지 및 변경** 이해관계인의 동의 O → 예외규정 X

접도의무 건축물의 대지(자동차만의 통행도로 제외)는 도로에 2m 이상을 접하여야 한다.

- **예외**
  ① 건축물의 출입에 지장이 없다고 인정되는 경우
  ② 광장, 공원, 유원지 등 허가권자가 인정한 공지가 있는 경우
  ③ 「농지법」에 따른 농막을 건축하는 경우

강화적용 연면적 합계가 2,000m²(공장은 3,000m²) 이상인 건축물(축사, 작물재배사는 제외)의 대지는 너비 6m 이상의 도로에 4m 이상 접하여야 한다.

막다른 도로

막다른 도로의 길이	도로의 너비
10m 미만	2m 이상
10m 이상 35m 미만	3m 이상
35m 이상	6m(도시지역이 아닌 읍 · 면지역은 4m) 이상

POINT 02 건축물의 구조안전 ☆

→ 내진능력공개대상

구조안전 확인서류 제출대상 건축물(건축주 → 허가권자)
① 층수가 2층(목구조 건축물은 3층) 이상인 건축물
② 연면적 200m²(목구조 건축물은 500m²) 이상인 건축물
③ 높이가 13m 이상인 건축물
④ 처마 높이가 9m 이상인 건축물
⑤ 기둥 + 기둥 사이의 거리가 10m 이상인 건축물
⑥ 단독주택 및 공동주택(규모 불문)

건축구조기술사의 협력대상
① 6층 이상인 건축물   ② 특수구조 건축물
③ 다중이용 건축물   ④ 준다중이용 건축물
⑤ 3층 이상의 필로티 형식의 건축물

난간설치 옥상광장 또는 2층 이상인 층에 있는 노대 등의 주위에는 높이 1.2m 이상의 난간을 설치하여야 한다.

옥상광장 5층 이상인 문화 및 집회시설(전시장 및 동물원 · 식물원 제외), 종교시설, 판매시설, 주점영업, 장례시설의 용도로 쓰는 경우에는 피난용도로 쓸 수 있는 광장을 옥상에 설치하여야 한다.

헬리포트 11층 이상 + 11층 이상인 층의 바닥면적의 합계가 1만m² 이상인 건축물

피난안전구역 초고층건축물(층수가 50층 이상이거나 높이가 200m 이상인 건축물)에는 피난층 또는 피난안전구역을 지상층으로부터 최대 30개 층마다 1개소 이상 설치하여야 한다.

2개소 이상의 직통계단 설치의무
피난층 외의 층이 다음에 해당하는 경우 피난층 또는 지상으로 통하는 직통계단을 2개소 이상 설치하여야 한다.

	적용 용도	설치대상 기준
①	업무시설 중 오피스텔	거실의 바닥면적의 합계가 300m² 이상
②	지하층	거실의 바닥면적의 합계가 200m² 이상

옥외피난계단 3층 이상인 층으로서 공연장(300m² 이상)과 집회장(1,000m² 이상)의 용도로 쓰는 층에는 직통계단 외에 그 층으로부터 지상으로 통하는 옥외 피난계단을 따로 설치하여야 한다.

개방공간 설치 바닥면적의 합계가 3,000m² 이상인 공연장 · 집회장 · 관람장 및 전시장을 지하에 설치하는 경우에는 피난층으로 대피할 수 있도록 천장이 개방된 외부공간을 설치하여야 한다.

POINT 03 경계벽 등의 설치 ☆

소음 방지를 위한 경계벽 설치대상 건축물

① 단독주택 중 다가구주택의 각 가구 간 또는 공동주택(기숙사는 제외한다)의 각 세대 간 경계벽
② 공동주택 중 기숙사의 침실, 의료시설의 병실, 교육연구시설 중 학교의 교실 또는 숙박시설의 객실 간 경계벽
③ 제1종 근린생활시설 중 산후조리원의 다음 어느 하나에 해당하는 경계벽
　㉠ 임산부실 간 경계벽
　㉡ 신생아실 간 경계벽
　㉢ 임산부실과 신생아실 간 경계벽
④ 제2종 근린생활시설 중 다중생활시설의 호실 간 경계벽
⑤ 노유자시설 중 노인복지주택의 각 세대 간 경계벽
⑥ 노유자시설 중 노인요양시설의 호실 간 경계벽

소음 방지를 위한 층간바닥(화장실의 바닥은 제외한다) 설치대상 건축물

① 단독주택 중 다가구주택
② 공동주택(「주택법」에 따른 주택건설사업계획 승인대상은 제외한다)
③ 업무시설 중 오피스텔
④ 제2종 근린생활시설 중 다중생활시설
⑤ 숙박시설 중 다중생활시설

POINT 04 범죄예방기준

① 다가구주택(O), 아파트(O), 연립주택 및 다세대주택(O)
② 기숙사(X), 동·식물원(X), 연구소 및 도서관(X)

POINT 05 지역 및 지구 안의 건축물 ☆☆

건축물이 방화지구에 걸치는 경우

건축물 전부에 대하여 방화지구 안의 건축물에 대한 「건축법」의 규정을 적용한다. 단, 방화벽으로 구획된 경우 그 밖의 구역에 있는 부분에 대하여는 그러하지 아니하다.

대지가 녹지지역에 걸치는 경우　각각 적용한다.

건폐율　대지면적에 대한 건축면적의 비율(「건축법」으로 강화 O, 완화 O)

용적률　대지면적에 대한 연면적의 비율(「건축법」으로 강화 O, 완화 O)

대지의 분할제한

주거지역(60m²), 상업지역·공업지역(150m²), 녹지지역(200m²), 관리지역·농림지역·자연환경보전지역(60m²)

가로구역에서의 높이제한

① 같은 가로구역에서 허가권자가 심의를 거쳐 건축물의 높이를 다르게 정할 수 있다.
② 특별시장과 광역시장은 가로구역별 건축물의 높이를 특별시나 광역시의 조례로 정할 수 있다.

일조 등의 확보를 위한 높이제한

① 전용주거지역·일반주거지역: 정북방향(원칙)
　├ ㉠ 높이 10m 이하 → 1.5m 이상
　└ ㉡ 높이 10m 초과 → 건축물 높이의 2분의 1 이상
② 적용의 제외
　├ ㉠ 공동주택: 일반상업지역과 중심상업지역　┐
　└ ㉡ 2층 이하로서 높이가 8m 이하인 건축물　┘ 높이제한규정 적용 X

POINT 06 면적산정방법 ★★★

건축면적 ─ 외벽의 중심선으로 둘러싸인 부분의 수평투영면적

① 지하주차장의 경사로 → 건축면적에 산입 X
② 건축물의 지상층에 일반인이나 차량이 통행할 수 있는 보행통로나 차량통로 → 건축면적에 산입 X
③ 생활폐기물 보관시설 → 건축면적에 산입 X
④ 공연장 · 관람장 · 전시장 등 1천m² 이상 + 높이 8m 이상으로 개방하여 보행통로나 공지 등으로 활용 → 건폐율 산정시 개방부분의 상부는 건축면적에서 제외할 수 있다.

바닥면적 ─ 구획의 중심선으로 둘러싸인 부분의 수평투영면적

① 벽 · 기둥의 구획이 없는 건축물의 경우: 지붕 끝으로부터 1m 후퇴한 선으로 둘러싸인 부분을 바닥면적에 산입한다. 예) 주유소 지붕
② 건축물의 노대: [노대 등의 면적 − (가장 긴 외벽 × 1.5m)]
③ 1층 필로티: 주차에 전용하는 경우와 공중의 통행, 차량의 통행. 공동주택의 경우에는 바닥면적에 산입 X
④ 옥상부분: ㉠ 승강기탑, ㉡ 계단탑, ㉢ 장식탑, ㉣ 층고가 1.5m 이하인 다락(경사진 지붕 형태의 경우에는 1.8m)은 바닥면적에 산입 X
⑤ 공동주택으로서 지상층에 설치한 ㉠ 기계실, ㉡ 전기실, ㉢ 어린이놀이터, ㉣ 조경시설, ㉤ 생활폐기물 보관시설은 바닥면적에 산입 X
⑥ 리모델링: 외벽에 부가하여 마감재를 설치하는 부분은 바닥면적에 산입 X

용적률 산정 시 연면적에서 제외되는 것

① 지하층   ② 지상층의 주차용 면적(부속용도인 경우에 한함)
③ 피난안전구역의 면적   ④ 대피공간의 면적

건축물의 높이

지표면으로부터 건축물 상단까지의 높이(1층 전체에 필로티가 설치되어 있는 경우에는 건축물의 높이제한을 적용할 때 필로티 층고를 제외한 높이)로 한다.

추가 🖉

건축물의 옥상에 설치하는 승강기탑 · 계단탑 · 옥탑 등으로서 수평투영면적의 합계가 8분의 1 이하인 경우 → 그 부분의 높이가 12m를 넘는 경우에는 12m를 넘는 부분만 높이에 산입한다.

층고 ─ 방의 바닥구조체 윗면으로부터 위층 바닥구조체 윗면까지의 높이로 한다.

지하층 ─ 지하층은 층수에 산입하지 않는다.

층의 구분이 명확하지 아니한 건축물 ─ 4m마다 하나의 층으로 산정한다.

건축물의 부분에 따라 층수가 다른 경우 ─ 가장 많은 층수를 건축물의 층수로 본다.

POINT 07 특별건축구역, 건축협정 ★★

특별건축구역

① 지정권자: 국토교통부장관, 시 · 도지사
② 지정대상: 국토교통부장관이 지정할 수 있는 경우 → 국가가 국제행사 등을 개최하는 도시 또는 지역의 사업구역 등

비교정리 🖉 → 개발제한구역, 자연공원, 접도구역, 보전산지는 지정할 수 없다.

③ 지정의 효과: 특별건축구역을 지정한 경우에는 도시 · 군관리계획의 결정(용도지역 · 지구 · 구역은 제외)이 있는 것으로 본다.
④ 적용의 배제: ㉠ 대지의 조경, ㉡ 건폐율, ㉢ 용적률, ㉣ 대지 안의 공지, ㉤ 건축물의 높이제한, ㉥ 일조 등의 확보를 위한 높이제한
⑤ 통합적용: ㉠ 건축물에 대한 미술작품의 설치, ㉡ 부설주차장의 설치, ㉢ 공원의 설치
⑥ 해제: 5년 이내에 착공이 이루어지지 아니하는 경우 해제할 수 있다.

건축협정

① 건축협정의 체결: 토지 또는 건축물소유자, 지상권자 등의 전원의 합의로 건축물의 건축 · 대수선 또는 리모델링에 관한 건축협정을 체결할 수 있다.
② 건축협정 체결대상 지역
 ┌─ ㉠ 지구단위계획구역
 ├─ ㉡ 주거환경개선사업을 시행하기 위한 정비구역
 ├─ ㉢ 「도시재정비 촉진을 위한 특별법」에 따른 존치지역
 └─ ㉣ 도시재생 활성화지역
③ 건축협정운영회의 설립: 협정체결자 과반수의 동의를 받아 대표자를 선임하고, 건축협정인가권자에게 신고하여야 한다.
④ 건축협정의 인가: 건축협정체결대상 토지가 둘 이상의 특별자치시 또는 시 · 군 · 구에 걸치는 경우 토지면적의 과반이 속하는 인가권자에게 인가를 신청할 수 있다.
⑤ 건축협정의 폐지: 협정체결자 또는 건축협정운영회의 대표자는 건축협정을 폐지하려는 경우에는 과반수의 동의를 받아 인가권자의 인가를 받아야 한다.
⑥ 건축협정의 승계: 건축협정이 공고된 후 건축협정구역에 있는 토지나 건축물 등에 관한 권리를 협정체결자인 소유자 등으로부터 이전받거나 설정받은 자는 협정체결자의 지위를 승계한다.
⑦ 통합적용대상: ㉠ 대지의 조경, ㉡ 대지와 도로의 관계, ㉢ 지하층의 설치, ㉣ 건폐율, ㉤ 부설주차장의 설치, ㉥ 개인하수처리시설의 설치

암기TIP 건조한 부대찌개

POINT 08 결합건축 ☆

〈결합건축 개념도〉

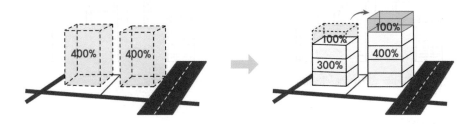

결합건축 대상지역 다음의 어느 하나에 해당하는 지역에서 대지 간의 최단거리가 100m 이내의 범위에서 2개의 대지의 건축주가 서로 합의한 경우 2개의 대지를 대상으로 결합건축을 할 수 있다.

① 상업지역
② 역세권개발구역
③ 주거환경개선사업의 시행을 위한 구역
④ 건축협정구역, 특별건축구역, 리모델링활성화구역
⑤ 도시재생활성화지역, 건축자산진흥구역

결합건축협정서 명시사항

① 용도지역
② 자연인인 경우 성명, 주소 및 생년월일
③ 법인, 외국인인 경우 등록번호
④ 대지별 용적률
⑤ 건축계획서

허가권자는 「국토의 계획 및 이용에 관한 법률」에 따른 도시·군계획사업에 편입된 대지가 있는 경우 결합건축을 포함한 건축허가를 아니할 수 있다.

협정체결 유지기간 최소 30년으로 한다. 다만, 용적률 기준을 종전대로 환원하여 신축·개축·재축하는 경우에는 그러하지 아니하다.

결합건축협정서 폐지 전원의 동의 + 허가권자에게 신고하여야 한다.

둘 이상의 대지에 걸치는 경우 토지면적의 과반이 속하는 허가권자에게 허가를 신청할 수 있다.

POINT 09 이행강제금 ☆

부과금액

① 건폐율 초과,   ② 용적률 초과,   ③ 무허가,
④ 무신고 → 1m²의 시가표준액의 100분의 50 × 위반면적 × 대통령령으로 정하는 비율

부과비율

① 무허가: 100분의 100   ② 용적률 초과: 100분의 90
③ 건폐율 초과: 100분의 80   ④ 무신고: 100분의 70

감액대상 연면적 60m² 이하의 주거용 건축물의 경우에는 부과금액의 2분의 1의 범위에서 조례로 정하는 금액을 부과한다.

가중부과 허가권자는 영리목적을 위한 위반이나 상습적 위반의 경우에는 부과금액의 100분의 100의 범위에서 해당 조례로 정하는 바에 따라 가중하여야 한다.

부과횟수 1년에 2회 이내에서 조례로 정하는 횟수만큼 반복하여 부과·징수할 수 있다.

부과의 특례 축사 등 농업용·어업용 시설로서 500m²(수도권 외의 지역에서는 1,000m²) 이하인 경우에는 5분의 1을 감경할 수 있다.

POINT 10 건축분쟁전문위원회(분쟁위원회)

조정 및 재정대상

의결 재적위원 과반수 출석 + 출석위원 과반수 찬성으로 의결한다.

구성원의 수 위원장과 부위원장 각 1명을 포함한 15명 이내의 위원으로 구성한다.
↳ 국토교통부장관이 위촉

임기 공무원이 아닌 위원의 임기는 3년으로 하되, 연임할 수 있다.

결격사유 피성년후견인, 피한정후견인 또는 파산선고를 받고 복권되지 아니한 자는 분쟁위원회의 위원이 될 수 없다.

조정신청(당사자 중 1명 이상이 신청)
조정은 3명의 위원으로 구성되는 조정위원회에서 하고, 60일 이내에 절차를 마쳐야 한다.

재정신청(당사자 합의로 신청)
재정은 5명 이상의 위원으로 구성되는 재정위원회에서 하고, 120일 이내에 절차를 마쳐야 한다.

핵심 OX 지문

대지와 도로 및 면적산정방법

01 제1종 근린생활시설을 의료시설로 변경하는 경우에는 허가를 받아야 한다. (   )

02 도시 · 군계획시설에서 건축하는 가설건축물의 경우에는 대지에 대한 조경의무가 있다. (   )

03 녹지지역에 건축하는 창고에 대해서는 조경 등의 조치를 하여야 한다. (   )

04 연면적의 합계가 2,000㎡인 공장의 대지는 너비 6m 이상의 도로에 4m 이상 접하여야 한다. (   )

05 일반공업지역에 있는 바닥면적의 합계가 5,000㎡ 이상인 종합병원은 공개공지 또는 공개공간을 설치하여야 하는 건축물에 해당한다. (   )

06 공개공지 등의 면적은 대지면적의 100분의 10 이하의 범위에서 건축조례로 정한다. (   )

07 처마높이가 9m 이상인 건축물은 건축주가 착공신고 시 구조안전 확인서류를 제출하여야 하는 건축물에 해당한다. (   )

08 의료시설의 병실 간에는 건축물의 가구 · 세대 등 간 소음 방지를 위한 경계벽을 설치하여야한다. (   )

09 제2종 근린생활시설 중 다중생활시설은 범죄예방기준에 따라 건축하여야 하는 건축물에 해당한다. (   )

10 지하층에 설치한 기계실, 전기실의 면적은 용적률을 산정할 때 연면적에 산입한다. (   )

11 층의 구분이 명확하지 않은 건축물은 건축물의 높이 4m마다 하나의 층으로 보고 층수를 산정한다. (   )

12 벽 · 기둥의 구획이 없는 건축물은 그 지붕 끝부분으로부터 수평거리 1m를 후퇴한 선으로 둘러싸인 수평투영면적을 바닥면적으로 한다. (   )

13 필로티 부분은 공동주택의 경우에는 바닥면적에 산입한다. (   )

14 공동주택으로서 지상층에 설치한 조경시설의 면적은 바닥면적에 산입하지 아니한다. (   )

15 「건축법」상 건축물의 높이제한 규정을 적용할 때, 건축물의 1층 전체에 필로티가 설치되어 있는 경우 건축물의 높이는 필로티의 층고를 제외하고 산정한다. (   )

16 일반상업지역에 건축하는 공동주택으로서 하나의 대지에 두 동(棟) 이상을 건축하는 경우에는 채광의 확보를 위한 높이제한이 적용된다. (   )

17 전용주거지역과 일반주거지역 안에서 건축하는 건축물에 대하여는 일조의 확보를 위한 높이제한이 적용된다. (   )

18 「도로법」에 따른 접도구역은 특별건축구역으로 지정할 수 없다. (   )

19 건축물의 소유자 등은 과반수의 동의로 건축물의 리모델링에 관한 건축협정을 체결할 수 있다. (   )

✓ 정답

01 ○   02 X 조경의무가 없다.   03 X 녹지지역에 건축하는 건축물은 조경의무가 없다.   04 X 연면적의 합계가 3,000㎡ 이상이어야 한다.   05 X 일반공업지역에 있는 종합병원은 공개공지 또는 공개공간의 설치대상 건축물에 해당하지 않는다.   06 ○   07 ○   08 ○   09 ○   10 X 연면적에서 제외한다.   11 ○   12 ○   13 X 필로티 부분은 공동주택의 경우에는 바닥면적에 산입하지 않는다.
14 ○   15 ○   16 X 일반상업지역에 건축하는 공동주택의 경우에는 채광의 확보를 위한 높이제한이 적용되지 않는다.   17 ○   18 ○   19 X 건축물 소유자 전원의 합의로 건축협정을 체결할 수 있다.

건축법

01 총칙

용어	기본용어	① 지하층: 바닥에서 지표면까지의 평균 높이가 해당 층 높이의 **1/2** 이상 ② 고층건축물: **30층** 이상 또는 **120m** 이상 ③ 초고층건축물: **50층** 이상 또는 **200m** 이상
	다중이용건축물	① 바닥면적의 합계가 **5,000㎡** 이상인 문화 및 집회시설(동물원·식물원은 제외), 종교시설, 판매시설, 여객용 시설, 종합병원, 관광숙박시설 ② **16층** 이상인 건축물
	준다중이용건축물	① 바닥면적의 합계가 1,000㎡ 이상인 문화 및 집회시설(동물원·식물원은 제외), 종교시설, 판매시설, 여객용 시설, 종합병원, 관광숙박시설, 교육연구시설, 노유자시설, 운동시설, 위락시설, 관광휴게시설, 장례시설 ② 동물원·식물원, 업무시설, 수련시설, 제1종·제2종 근린생활시설은 제외
	특수구조건축물	① 한쪽 끝은 고정되고 다른 끝은 지지(支持)되지 아니한 구조로 된 보, 차양 등이 외벽의 중심선으로부터 **3m** 이상 돌출된 건축물 ② 기둥과 기둥 사이의 거리가 **20m** 이상인 건축물
적용범위	신고대상 공작물	① 옹벽·담장: **2m** 초과 ② 장식탑·기념탑·첨탑·광고탑·광고판: **4m** 초과 ③ 태양에너지 발전설비: 5m 초과 ④ 철탑·굴뚝: **6m** 초과 ⑤ 고가수조: **8m** 초과 ⑥ 기계식 주차장: 8m 이하 ⑦ 지하대피호: 바닥면적 **30㎡** 초과
	대수선 (수선·변경)	① 내력벽: **30㎡** 이상 수선하거나 변경하는 것 ② 기둥·보·지붕틀: 각각 **3개** 이상 수선하거나 변경하는 것 ③ 건축물의 외벽 + 마감재료: 30㎡ 이상 수선하거나 변경하는 것
	단독주택	① 단독주택 ② 다중주택(3개 층 이하 + 660㎡ 이하) ③ 다가구주택(3개 층 이하 + 660㎡ 이하 + 19세대 이하) ④ 공관

공동주택	① 아파트(5개 층 이상)		② 연립주택(4개 층 이하 + 660m² 초과)
	③ 다세대주택(4개 층 이하 + 660m² 이하)		④ 기숙사
제1종 근린생활시설	① 일용품을 판매하는 소매점 · 공공업무시설(파출소 등): 1,000m² 미만		
	② 의원, 치과의원, 한의원, 안마원, 조산원, 산후조리원		③ 탁구장 · 체육도장: 500m² 미만
	④ 마을회관, 마을공동작업소, 마을공동구판장, 공중화장실		⑤ 동물병원 · 동물미용실: 300m² 미만
	⑥ 금융업소, 부동산중개사무소: 30m² 미만		⑦ 휴게음식점 · 제과점: 300m² 미만
제2종 근린생활시설	① 서점(1,000m² 이상), 총포판매소, 사진관, 표구점		② 종교집회장: 500m² 미만
	③ 일반음식점, 장의사		④ 동물병원, 동물미용실: **300**m² 이상
	⑤ 독서실, 기원		⑥ 테니스장, 골프연습장: 500m² 미만
	⑦ 금융업소, 부동산중개사무소, 결혼상담소: 500m² 미만		⑧ 다중생활시설: **500**m² 미만
	⑨ 단란주점: **150**m² 미만		⑩ 안마시술소 및 노래연습장
용도변경	① 허가, 신고대상 + 100m² 이상 = 사용승인에 관한 규정을 준용한다. 다만, 500m² 미만 + 대수선을 수반하지 않는 경우는 사용승인을 받지 않아도 된다.		
	② 허가대상 + 500m² 이상 = 건축사에 의한 설계대상에 관한 규정을 준용한다.		

02 건 축

건축허가	**사전결정**	① 사전결정통지를 받은 날부터 **2**년 이내에 건축허가를 신청하여야 한다.
		② 협의기간: 15일
	특별시장 · 광역시장	층수가 21층 이상 또는 연면적의 합계가 10만m² 이상인 건축물(공장 · 창고는 제외)
	도지사의 사전승인	① 층수가 21층 이상 또는 연면적의 합계가 10만m² 이상인 건축물(공장 · 창고는 제외)
		② 자연환경 또는 수질보호(3층 이상 또는 연면적 합계가 **1,000**m² 이상 + 위락시설 · 숙박시설 · 공동주택 · 일반업무시설 · 일반음식점)
	건축신고대상	① 바닥면적의 합계가 85m² 이내의 증축 · 개축 · 재축
		② 대수선(연면적 **200**m² 미만 + **3**층 미만)
		③ 연면적의 합계가 **100**m² 이하인 건축물의 건축
		④ 건축물의 높이 **3**m 이하의 증축
		⑤ 공업지역 · 산업단지 · 지구단위계획구역(비도시지역) 안에 건축하는 **500**m² 이하 + **2**층 이하인 공장
		⑥ 농업이나 수산업을 경영하기 위하여 읍 · 면지역에 건축하는 창고(200m² 이하) 및 축사(400m² 이하)
		⑦ 대수선 중 내력벽, 기둥, 보, 지붕틀, 방화벽(구획), 주계단, 피난계단 및 특별피난계단을 수선하는 행위

	가설건축물	① 허가대상: 층수가 3층 이하 · 존치기간 3년 이내 − 특별자치시장 · 특별자치도지사 또는 시장 · 군수 · 구청장: 30일 전 존치기간 만료일 통지 → 만료일 14일 전 연장신청
		② 신고대상: 존치기간 3년 이내 − 특별자치시장 · 특별자치도지사 또는 시장 · 군수 · 구청장: 30일 전 존치기간 만료일 통지 → 만료일 7일 전 연장신고
	건축허가취소	① 허가를 받은 후 2년(공장은 3년) 이내에 착수하지 아니한 경우 → 허가를 취소하여야 한다.
		② 착공기간 이내에 공사에 착수하였으나 공사완료가 불가능한 경우 → 허가를 취소하여야 한다.
		③ 착공신고 전에 경매 또는 공매 등으로 건축주가 대지의 소유권을 상실한 때부터 6개월이 지난 이후 공사의 착수가 불가능하다고 판단된 경우 → 허가를 취소하여야 한다.
	건축허가 및 착공의 제한	① 국토교통부장관 → 국토관리 또는 주무부장관이 요청(국방, 국가유산 보존, 환경보전 또는 국민경제)
		② 특별시장 · 광역시장 · 도지사 → 지역계획이나 도시 · 군계획 → 국토교통부장관에게 즉시 보고하여야 하며, 보고를 받은 국토교통부장관은 제한의 내용이 지나치다고 인정되면 해제를 명할 수 있다.
		③ 제한기간: 2년 이내로 한다. 다만, 1회에 한하여 1년 이내에서 연장할 수 있다.
	안전영향평가대상	① 초고층건축물
		② 연면적 10만㎡ 이상 + 16층 이상인 건축물
	안전관리예치금	① 연면적 1,000㎡ 이상인 건축물 + 공사비의 1% 이내에서 예치하게 할 수 있다.
		② 공사중단기간이 2년을 경과한 경우에는 예치금을 사용하여 안전관리 개선을 위한 조치를 할 수 있다.
사용승인	사용승인서 교부	신청을 받은 날부터 7일 이내에 검사를 실시하고 합격된 건축물에 대하여 사용승인서를 내주어야 한다.
	임시사용승인기간	2년 이내로 한다. 대형건축물 등 공사기간이 긴 건축물에 대하여는 연장할 수 있다.

03 대지 · 도로

	옹 벽	경사도가 1:1.5 이상 + 높이가 1m 이상인 경우에는 옹벽 설치의무(높이가 2m 이상은 콘크리트 구조)
대 지	대지의 조경	대지면적 200㎡ 이상, 옥상조경(옥상조경 면적의 2/3 → 대지조경 면적으로 인정. 50/100까지 의제)
	대지의 분할제한	① 주거: 60㎡ 미만
		② 상업: 150㎡ 미만
		③ 공업: 150㎡ 미만
		④ 녹지: 200㎡ 미만
		⑤ 기타(관리지역 · 농림지역 · 자연환경보전지역): 60㎡ 미만

공개공지	대상 건축물	① 대상지역: 일반주거지역, 준주거지역, 상업지역, 준공업지역 ② 바닥면적의 합계가 5,000m² 이상 ③ 문화 및 집회시설, 종교시설, 판매시설(농수산물유통시설은 제외), 운수시설(여객용 시설만 해당), 숙박시설, 업무시설
	설치면적	① 대지면적의 100분의 10 이하의 범위에서 건축조례로 정한다. ② 연간 60일 내의 기간 동안 조례로 정하는 바에 따라 문화행사를 열거나 판촉활동을 할 수 있다.
	완화적용	① 용적률 1.2배 이하에서 완화하여 적용한다. ② 건축물의 높이제한: 1.2배 이하에서 완화하여 적용한다.
도 로	도로의 종류	① 통행도로: 보행과 자동차 통행이 가능한 너비 4m 이상 ② 자동차 통행이 불가능한 도로: 너비 3m 이상 ③ 막다른 도로의 길이와 너비 　㉠ 10m 미만: 2m 이상 　㉡ 10m 이상 ~ 35m 미만: 3m 이상 　㉢ 35m 이상: 6m 이상(도시지역이 아닌 읍·면: 4m 이상)
대지와 도로의 관계	접도의무	① 건축물이 있는 대지는 2m 이상이 도로에 접하여야 한다. ② 연면적 합계가 2,000m²(공장인 경우에는 3,000m²) 이상인 건축물(축사, 작물재배사는 제외) → 너비 6m 이상인 도로에 4m 이상 접하여야 한다.
	건축선	① 소요너비에 미달하는 도로에서의 건축선 　㉠ 도로 중심선에서 소요너비 1/2을 후퇴한 선(도로 양쪽에 대지가 있는 경우) 　㉡ 하천, 철도, 경사지 등이 있는 쪽의 도로경계선 → 소요너비만큼 후퇴한 선(도로의 반대쪽에 경사지, 하천, 철도, 선로 부지 등이 있는 경우) ② 모퉁이 건축선: 4m 이상 ~ 8m 미만인 도로 + 120° 미만인 도로 → 2m, 3m, 4m 후퇴 ③ 지정건축선: 특별자치시장·특별자치도지사·시장·군수·구청장이 도시지역에서 4m 이하의 범위에서 따로 지정할 수 있다. ④ 건축선에 따른 건축제한: 도로면으로부터 높이 4.5m 이하의 출입구, 창문은 건축선의 수직면을 넘지 아니하는 구조로 하여야 한다.

04 구조 · 설비

구조	구조안전 확인 서류의 제출대상 (내진능력 공개대상)	① 층수가 2층(목구조 건축물의 경우에는 **3층**) 이상인 건축물 ② 연면적 200m²(목구조 건축물의 경우에는 **500m²**) 이상인 건축물(창고, 축사, 작물재배사는 제외) ③ 높이가 **13m** 이상인 건축물 ④ 처마 높이가 **9m** 이상인 건축물 ⑤ 기둥과 기둥 사이의 거리가 **10m** 이상인 건축물 ⑥ 단독주택 및 공동주택
설비	직통계단	보행거리가 30m 이하가 되도록 설치하여야 한다.
	옥상광장 설치대상	5층 이상인 층이 문화 및 집회시설(전시장 및 동 · 식물원은 제외), 종교시설, 판매시설, 주점영업, 장례시설
	난 간	옥상광장 또는 2층 이상인 층에 있는 노대의 주위에는 높이 **1.2m** 이상의 난간을 설치하여야 한다. 다만, 그 노대 등에 출입할 수 없는 구조인 경우에는 그러하지 아니하다.
	헬리포트	층수가 **11층** 이상인 건축물로서 11층 이상인 층의 바닥면적의 합계가 **1만m²** 이상인 건축물의 옥상에는 헬리포트를 설치하여야 한다.
	피난안전구역	① 초고층건축물에는 피난층 또는 지상으로 통하는 직통계단과 직접 연결되는 피난안전구역을 지상층으로부터 최대 **30개** 층마다 **1개소** 이상 설치하여야 한다. ② 준초고층건축물에는 피난층 또는 지상으로 통하는 직통계단과 직접 연결되는 피난안전구역을 해당 건축물 전체 층수의 1/2에 해당하는 층으로부터 상하 5개층 이내에 1개소 이상 설치하여야 한다.
면적산정	건축면적	① 지표면으로부터 1m 이하에 있는 부분(창고 중 물품을 입출고하기 위해 차량을 접안시키는 부분의 경우에는 1.5m 이하)은 건축면적에 산입하지 아니한다. ② 문화 및 집회시설(공연장 · 관람장 · 전시장), 교육연구시설(학교 · 도서관 · 연구소), 생활권수련시설, 공공업무시설로서 바닥면적 합계가 1,000m² 이상 + 지면과 접하는 저층의 일부를 높이 8m 이상으로 개방하여 보행통로나 공지 등으로 활용할 수 있는 구조 → 건폐율 산정 시 개방부분의 상부에 해당하는 부분을 건축면적에서 제외할 수 있다.
	바닥면적	① 벽 · 기둥의 구획이 없는 건축물 → 지붕 끝에서 **1m** 후퇴한 선으로 둘러싸인 수평투영면적으로 한다. ② 건축물의 노대 등의 바닥: 노대 등의 면적 − (가장 긴 외벽에 접한 길이 x 1.5m) ③ 다락은 층고가 **1.5m**(경사지붕 **1.8m**) 이하: 바닥면적에 산입하지 아니한다.
	높이 및 층수	승강기탑 · 계단탑 · 장식탑의 수평투영면적의 합계가 건축면적의 **1/8** 이하(공동주택 중 전용면적이 85m² 이하인 경우에는 1/6 이하) → 높이 12m를 초과하는 부분만 높이에 산입하고, 층수에는 산입하지 아니한다.

05 높이제한

일조 등의 확보	전용주거지역·일반주거지역	① 원칙: 정북방향 　㉠ 건축물의 높이 **10m** 이하 → 인접대지경계선으로부터 **1.5m** 이상 　㉡ 건축물의 높이 **10m** 초과 → 건축물 각 부분의 높이 **1/2** 이상 ② 예외: 정남방향 　㉠ 도시개발구역 　㉡ 정비구역 　㉢ 정북방향으로 도로, 공원, 하천 등이 있는 경우 　㉣ 정북방향으로 접하고 있는 대지의 소유자와 합의한 경우
	공동주택	일반상업지역과 중심상업지역에 건축하는 공동주택은 일조 등의 확보를 위한 높이제한을 적용하지 않는다.
	적용 제외	2층 이하로서 높이가 **8m** 이하인 건축물에는 조례로 정하는바에 따라 일조 등의 확보를 위한 높이제한을 적용하지 아니할 수 있다.

06 보 칙

건축협정	① 토지 또는 건축물의 소유자, 지상권자 등 → 전원의 합의 → 건축협정 체결할 수 있다. ② 건축협정 체결 대상 토지가 둘 이상의 특별자치시 또는 시·군·구에 걸치는 경우 → 토지면적의 과반이 속하는 인가권자에게 인가를 신청할 수 있다. ③ 건축협정을 폐지하려는 경우 → 과반수의 동의 + 인가 ④ 착공신고를 한 날부터 20년이 지난 후에 폐지 인가를 신청할 수 있다.
결합건축	① 상업지역 등에서 대지 간의 최단거리가 100m 이내의 범위에 있는 2개의 대지 건축주가 합의한 경우에는 2개의 대지를 대상으로 결합건축을 할 수 있다. ② 결합건축 대상 대지가 둘 이상의 특별자치시, 특별자치도 및 시·군·구에 걸치는 경우 → 토지 면적의 과반이 속하는 허가권자에게 허가를 신청할 수 있다. ③ 결합건축 협정체결 유지기간은 최소 30년으로 한다. ④ 결합건축협정서를 폐지하려는 경우 → 전원의 동의 + 신고
이행강제금 (집행벌)	① 건폐율 초과·용적률 초과·무허가·무신고 → 1m²의 시가표준액의 **50/100**에 해당하는 금액에 위반면적을 곱한 금액 이하의 범위에서 대통령령으로 정하는 비율(건폐율 초과: **80/100**, 용적률 초과: **90/100**, 무허가: **100/100**, 무신고: **70/100**)을 곱한 금액 → **1년에 2회** 이내의 범위에서 조례로 정하는 횟수만큼 부과·징수할 수 있다. ② 주거용 건축물로서 연면적 60m² 이하인 건축물 → 부과금액의 1/2 이하의 범위에서 조례로 정하는 금액을 부과한다. ③ 가중부과: 영리목적을 위한 위반이나 상습적 위반의 경우 → 부과금액의 100/100의 범위에서 가중하여야 한다. ④ 부과횟수: 1년에 2회 이내에서 조례로 정하는 횟수만큼 반복하여 부과·징수할 수 있다. ⑤ 감경: 축사 등 농업용·어업용 시설로서 500m²(수도권 외의 지역에서는 1,000m²) 이하인 경우 → 1/5을 감경할 수 있다.

PART 03

도시 및
주거환경정비법

도시·주거환경정비 기본방침 ── 국토교통부장관, 10년 단위, 5년마다 타당성검토

☆☆☆
도시·주거환경정비 기본계획
┌ 수립권자: 특별시장·광역시장·특별자치시장·특별자치도지사·시장
│ 수립단위: 10년
└ 타당성검토: 5년

→ 도지사가 수립할 필요가 없다고 인정하는 시(대도시 제외)는 수립하지 아니할 수 있다.

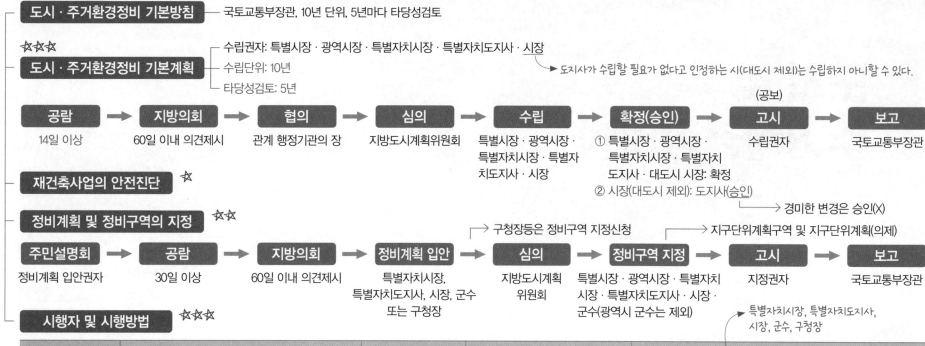

공람	→	지방의회	→	협의	→	심의	→	수립	→	확정(승인)	→	고시 (공보)	→	보고
14일 이상		60일 이내 의견제시		관계 행정기관의 장		지방도시계획위원회		특별시장·광역시장· 특별자치시장·특별자 치도지사·시장		① 특별시장·광역시장· 특별자치시장·특별자치 도지사·대도시 시장: 확정 ② 시장(대도시 제외): 도지사(승인)		수립권자		국토교통부장관

→ 경미한 변경은 승인(X)

재건축사업의 안전진단 ☆

정비계획 및 정비구역의 지정 ☆☆

┌→ 구청장등은 정비구역 지정신청　　　　→ 지구단위계획구역 및 지구단위계획(의제)

주민설명회	→	공람	→	지방의회	→	정비계획 입안	→	심의	→	정비구역 지정	→	고시	→	보고
정비계획 입안권자		30일 이상		60일 이내 의견제시		특별자치시장, 특별자치도지사, 시장, 군수 또는 구청장		지방도시계획 위원회		특별시장·광역시장·특별자치 시장·특별자치도지사·시장· 군수(광역시 군수는 제외)		지정권자		국토교통부장관

→ 특별자치시장, 특별자치도지사,
시장, 군수, 구청장

☆☆☆
시행자 및 시행방법

정비사업의 종류	사업대상지역	토지등소유자	사업시행방법	사업시행자
주거환경 개선사업	도시저소득 주민이 집단거주하는 지역으로서 정비기반시설이 극히 열악하고 노후·불량건축물이 과도하게 밀집한 지역의 주거환경을 개선하거나 단독주택 및 다세대주택이 밀집한 지역에서 정비기반시설과 공동이용시설 확충을 통하여 주거환경을 보전·정비·개량하기 위한 사업	정비구역에 위치한 토지 또는 건축물 소유자 또는 그 지상권자	① 토지등소유자가 스스로 주택을 보전·정비하거나 개량하는 방법(현지개량방법) ② 수용방법 ③ 환지방법 ④ 관리처분계획으로 공급하는 방법	① 현지개량방법: 시장·군수등이 직접 시행하되, 토지등소유자 과반수의 동의를 받아 토지주택공사등이 시행 ② 수용방법: 정비예정구역의 토지 또는 건축물 소유자 또는 지상권자의 2/3 이상의 동의와 세입자 세대수 과반수의 동의를 각각 받아 시장·군수등 또는 토지주택공사등 또는 공익법인이 시행 → 세입자 세대수가 1/2 이하인 경우는 동의 X
재개발사업	정비기반시설이 열악하고 노후·불량건축물이 밀집한 지역에서 주거환경을 개선하거나 상업지역·공업지역 등에서 도시기능의 회복 및 상권활성화 등을 위하여 도시환경을 개선하기 위한 사업	정비구역에 위치한 토지 또는 건축물 소유자 또는 그 지상권자	① 정비구역에서 인가받은 관리처분계획에 따라 건축물을 건설하여 공급하는 방법 ② 환지방법	① 조합(단독 또는 공동시행) 시장·군수등, 토지주택공사등, 건설업자, → 등록사업자, 신탁업자, 한국부동산원 ② 토지등소유자(토지등소유자가 20인 미만인 경우 단독 또는 공동시행)
재건축사업	정비기반시설은 양호하나 노후·불량건축물에 해당하는 공동주택이 밀집한 지역에서 주거환경을 개선하기 위한 사업	정비구역에 위치한 건축물 및 그 부속토지의 소유자(지상권자 X)	관리처분계획으로 주택, 부대시설·복리시설 및 오피스텔을 건설하여 공급하는 방법	조합(단독 또는 공동시행) 시장·군수등, 토지주택공사등, → 건설업자, 등록사업자

→ 지방공사

→ 준주거지역 및 상업지역에서만 건설할 수 있고, 전체 연면적의 30/100 이하이어야 한다.

빈칸완성 한번 더!

— 도시 · 주거환경정비 기본방침 ─ 국토교통부장관, 10년 단위, 5년마다 타당성검토

☆☆☆
— 도시 · 주거환경정비 기본계획 ┌ 수립권자: 특별시장 · 광역시장 · 특별자치시장 · 특별자치도지사 · 시장
　├ 수립단위: [　]
　└ 타당성검토: [　]

→ 도지사가 수립할 필요가 없다고 인정하는 시(대도시 제외)는 수립하지 아니할 수 있다.

(공보)

| 공람 → 지방의회 → 협의 → 심의 → 수립 → 확정(승인) → 고시 → [　] |

| 14일 이상 | 60일 이내 의견제시 | 관계 행정기관의 장 | 지방도시계획위원회 | 특별시장 · 광역시장 · 특별자치시장 · 특별자치도지사 · 시장 | ① 특별시장 · 광역시장 · 특별자치시장 · 특별자치도지사 · 대도시 시장: 확정
② 시장([　] 제외): [　](승인) | 수립권자 | 국토교통부장관 |

→ 경미한 변경은 승인(X)

— 재건축사업의 안전진단 ☆

— 정비계획 및 정비구역의 지정 ☆☆

→ 구청장등은 정비구역 지정신청 　　→ 지구단위계획구역 및 지구단위계획(의제)

| 주민설명회 → 공람 → 지방의회 → 정비계획 입안 → 심의 → 정비구역 지정 → 고시 → [　] |

| 정비계획 입안권자 | 30일 이상 | 60일 이내 의견제시 | 특별자치시장, 특별자치도지사, 시장, 군수 또는 구청장 | 지방도시계획위원회 | 특별시장 · 광역시장 · 특별자치시장 · 특별자치도지사 · 시장 · 군수(광역시 군수는 제외) | 지정권자 | 국토교통부장관 |

— 시행자 및 시행방법 ☆☆☆

→ 특별자치시장, 특별자치도지사, 시장, 군수, 구청장

정비사업의 종류	사업대상지역	토지등소유자	사업시행방법	사업시행자
주거환경 개선사업	도시 [　]이 집단거주하는 지역으로서 정비기반시설이 극히 열악하고 노후 · 불량건축물이 과도하게 밀집한 지역의 주거환경을 개선하거나 단독주택 및 다세대주택이 밀집한 지역에서 정비기반시설과 공동이용시설 확충을 통하여 주거환경을 [　]하기 위한 사업	정비구역에 위치한 토지 또는 건축물 소유자 또는 그 [　]	① 토지등소유자가 스스로 주택을 보전 · 정비하거나 개량하는 방법(현지개량방법) ② [　] ③ 환지방법 ④ 관리처분계획으로 공급하는 방법	① 현지개량방법: 시장 · 군수등이 직접 시행하되, 토지등소유자 과반수의 동의를 받아 토지주택공사등이 시행 → 지방공사 ② 수용방법: 정비예정구역의 토지 또는 건축물 소유자 또는 지상권자의 [　]의 동의와 세입자 세대수 과[　]의 동의를 각각 받아 시장 · 군수등 또는 토지주택공사등 또는 공익법인이 시행 　　세입자 세대수가 1/2 이하인 경우는 동의 X
재개발사업	정비기반시설이 [　]하고 노후 · 불량건축물이 밀집한 지역에서 주거환경을 개선하거나 [　] [　] 등에서 도시기능의 회복 및 상권활성화 등을 위하여 도시환경을 개선하기 위한 사업	정비구역에 위치한 토지 또는 건축물 소유자 또는 그 [　]	① 정비구역에서 인가받은 관리처분계획에 따라 건축물을 건설하여 공급하는 방법 ② 환지방법	① [　](단독 또는 공동시행) 시장 · 군수등, 토지주택공사등, 건설업자, → 등록사업자, 신탁업자, 한국부동산원 ② 토지등소유자(토지등소유자가 [　] 미만인 경우 단독 또는 공동시행)
재건축사업	정비기반시설은 [　]하나 노후 · 불량건축물에 해당하는 공동주택이 밀집한 지역에서 주거환경을 개선하기 위한 사업	정비구역에 위치한 건축물 및 그 부속 토지의 소유자 [　]	[　]으로 주택, 부대시설, 복리시설 및 [　]을 건설하여 공급하는 방법 → 준주거지역 및 상업지역에서만 건설할 수 있고, 전체 연면적의 30/100 이하이어야 한다.	[　](단독 또는 공동시행) 시장 · 군수등, 토지주택공사등, → 건설업자, 등록사업자

POINT 01 용어의 정의, 정비구역 ☆☆☆

공공재개발사업
① 시장 · 군수등, 토지주택공사등이 시행자나 대행자일 것
② 전체 세대수 또는 전체 연면적 중 토지등소유자 대상 분양분을 제외한 나머지 주택의 세대수 또는 연면적의 100분의 20 이상 100분의 50 이하의 범위에서 조례로 정하는 비율 이상을 지분형 주택, 공공임대주택 또는 공공지원민간임대주택으로 건설 · 공급할 것

공공재건축사업
① 시장 · 군수등, 토지주택공사등이 시행자나 대행자일 것
② 공공재건축사업을 추진하는 단지의 종전 세대수의 100분의 160에 해당하는 세대 이상을 건설 · 공급할 것

토지등소유자
① 주거환경개선사업, 재개발사업
: ㉠ 토지소유자, ㉡ 건축물 소유자, ㉢ 지상권자 ⟩→ 3명
② 재건축사업: 건축물 + 부속토지의 소유자(지상권자 X) → 1명

노후 · 불량건축물 건축물이 훼손되거나 일부가 멸실되어 붕괴 등 안전사고의 우려가 있는 건축물

정비기반시설 도로, 상하수도, 구거(도랑), 공원, 공용주차장, 공동구, 광장, 지역난방시설

공동이용시설 놀이터, 마을회관, 공동작업장, 탁아소 등 노유자시설　암기TIP 놀 · 마 · 공 · 탁

토지주택공사등 한국토지주택공사 또는 지방공사

허가대상
① 건축물(가설건축물 포함)의 건축, 용도변경(대수선 X)
② 공작물의 설치
③ 토지의 형질변경 : 공유수면의 매립
④ 토석의 채취
⑤ 토지분할
⑥ 물건을 쌓아놓는 행위: 1개월 이상
⑦ 죽목의 벌채 및 식재

허용사항
① 응급조치를 위한 행위, ② 안전조치를 위한 행위, ③ 비닐하우스 · 버섯재배사 · 종묘배양장 · 퇴비장의 설치, ④ 경작 + 토지의 형질변경, ⑤ 관상용 죽목의 임시식재(경작지에서의 임시식재는 허가를 요한다)

기득권 보호 착수 + 신고(30일 이내)

정비구역의 의무적 해제

정비구역 지정 ─2년 X→ 추진위원회 ─2년 X→ 조합 ─3년 X→ 사업시행계획인가
└──── 5년 X (토지등소유자 + 재개발) ────┘

POINT 02 기본계획 ☆☆☆

수립권자　→ 5명(군수 X)
특별시장 · 광역시장 · 특별자치시장 · 특별자치도지사 · 시장은 기본계획을 10년 단위로 수립하여야 한다. 다만, 도지사가 대도시가 아닌 시로서 기본계획을 수립할 필요가 없다고 인정하는 시에 대하여는 기본계획을 수립하지 아니할 수 있다.

타당성검토 5년　→ 공람: 정비계획(30일), 정비구역 해제(30일), 관리처분계획(30일)

수립절차 공람(14일 이상) + 지방의회 의견청취(60일 이내 의견 제시) + 협의 + 심의 → 경미한 변경은 생략할 수 있다.

기본계획의 승인 대도시 시장이 아닌 시장은 도지사의 승인을 받아야 한다.
(경미한 변경은 승인 X)

① 정비기반시설을 확대하거나 10% 미만의 범위에서 축소하는 경우
② 정비사업의 계획기간을 단축하는 경우
③ 공동이용시설의 설치계획을 변경하는 경우
④ 사회복지시설 및 주민문화시설의 설치계획의 변경인 경우
⑤ 단계별 정비사업 추진계획의 변경인 경우
⑥ 정비예정구역 면적과 건폐율 및 용적률의 20% 미만의 변경인 경우
⑦ 정비사업의 시행을 위한 재원조달에 관한 사항을 변경하는 경우

생략사유 기본계획 수립권자는 기본계획에 생활권별 주거지의 정비 · 보전 · 관리의 방향을 포함하는 경우에는 정비예정구역의 개략적인 범위 및 단계별 정비사업 추진계획을 생략할 수 있다.

POINT 03 대의원회 ☆☆

─ 조합원의 수가 100명 이상인 조합은 대의원회를 두어야 한다.
─ 조합장이 아닌 임원(이사, 감사)은 대의원이 될 수 없다.
─ **대의원회는 다음의 사항을 대행할 수 없다.**

① 정관의 변경
② 자금의 차입과 그 방법 · 이자율 및 상환방법
③ 예산으로 정한 사항 외에 조합원의 부담이 될 계약
④ 정비사업전문관리업자의 선정 및 변경
⑤ 조합임원과 대의원의 선임 및 해임
└→ 임기 중 궐위된 자(조합장은 제외)를 보궐선임하는 경우에는 대행 O
⑥ 조합의 합병 및 해산(사업완료로 인한 해산인 경우는 제외)
⑦ 정비사업비의 변경에 관한 사항

POINT 04 정비사업조합 ☆☆☆

- **추진위원회 구성요건** ① 위원장 포함 ⑤명 이상의 위원 + ② 토지등소유자 과반수 동의 + ③ 시장·군수등의 ⑨인

- 조합의 조합원은 토지등소유자로 하고, 재건축사업은 재건축사업에 동의한 자에 한한다.
- **토지의 소유권이 수인의 공유** ①인을 조합원으로 본다.
- **조합설립인가 동의요건(재개발사업)** 토지등소유자 4분의 3 이상 + 토지면적 2분의 1 이상
- 조합설립의 인가를 받은 날부터 30일 이내에 ⑨기함으로써 성립한다.
- **조합임원** 조합장, 이사(3명 이상. 토지등소유자의 수가 100명을 초과하면 5명 이상), 감사(1명 이상 3명 이하) → 겸직 금지
- **조합임원의 결격사유** 미성년자, 파산선고를 받은 자로서 복권되지 아니한 자 등
- **조합임원의 자격요건**
  ① 선임일 직전 3년 동안 정비구역에서 1년 이상 거주할 것
  ② 건축물 또는 토지를 5년 이상 소유할 것
  ◈ 조합장은 선임일로부터 관리처분계획인가를 받을 때까지 해당 정비구역에 거주하여야 한다.

- **조합임원의 임기** 3년 이하 + 연임할 수 있다.
- **조합장 또는 이사가 자기를 위하여 조합과 ⑨약이나 ⑨송을 할 때** ⑨사가 조합을 대표한다.
- 조합원이 퇴임되어도 퇴임 전에 관여한 행위는 효력을 잃지 않는다.
- 정비사업비가 100분의 10(생산자물가상승률분, 손실보상금액은 제외) 이상 늘어나는 경우에는 조합원 3분의 2 이상의 찬성으로 의결하여야 한다.
- 시공자선정을 의결하는 총회의 경우에는 조합원 과반수가 직접 출석하여야 하고, 창립총회, 시공자선정 취소를 위한 총회, 사업시행계획서와 관리처분계획의 수립 및 변경, 정비사업비의 사용 및 변경을 의결하는 총회의 경우에는 조합원의 100분의 20 이상이 직접 출석하여야 한다.

- **정관의 변경(조합원 3분의 2 이상의 찬성)**

  ① 조합원의 자격   ② 조합원의 제명·탈퇴 및 교체
  ③ 정비구역의 위치 및 면적   ④ 조합의 비용부담 및 조합의 회계
  ⑤ 정비사업비의 부담 시기 및 절차   ⑥ 시공자·설계자의 선정 및 계약서에 포함될 사항

비교정리 ✎ **조합임원의 해임**

조합임원은 조합원 10분의 1 이상의 요구로 소집된 총회에서 조합원 과반수의 출석과 출석 조합원 과반수의 동의를 받아 해임할 수 있다.

POINT 05 재건축사업 ☆

- **재건축사업의 시행방법** 인가받은 관리처분계획에 따라 주택 및 부대시설·복리시설 및 오피스텔을 건설하여 공급하는 방법

  - **오피스텔** ⑨주거지역 및 ⑨업지역에서만 건설할 수 있고, 전체 건축물 연면적의 100분의 30 이하이어야 한다.

- **주택단지에서 시행하는 재건축사업** 동별 과반수의 동의와 전체 구분소유자의 4분의 3 이상 및 토지면적 4분의 3 이상의 동의

- **주택단지가 아닌 지역이 포함된 재건축사업** 토지 또는 건축물 소유자의 4분의 3 이상 + 토지면적 3분의 2 이상 동의

- **재건축사업의 안전진단** 정비계획 입안권자가 주택단지의 건축물을 대상으로 한다.

- **안전진단의 요청** 토지등소유자 10분의 1 이상의 동의

- **안전진단 비용** 안전진단 실시를 요청하는 자에게 부담시킬 수 있다.

- **안전진단 제외**
  ① 주택이 붕괴되어 신속히 재건축을 추진할 필요가 있다고 정비계획의 입안권자가 인정하는 것
  ② 사용금지가 필요하다고 정비계획의 입안권자가 인정하는 것
  ③ 진입도로 등 기반시설 설치를 위하여 불가피하게 정비구역에 포함된 것으로 정비계획의 입안권자가 인정하는 것
  ④ 안전등급이 D(미흡) 또는 E(불량)인 건축물

- **정비계획의 입안 여부 결정** 정비계획 입안권자는 안전진단 결과와 도시계획 및 지역여건 등을 종합적으로 검토하여 정비계획 입안 여부를 결정하여야 한다.

- **결과보고서 제출** 정비계획 입안권자(특별자치시장 및 특별자치도지사 제외) → 특별시장·광역시장·도지사에게 제출하여야 한다.

- **적정성 검토에 대한 의뢰** 시·도지사는 필요한 경우 「국토안전관리원법」에 따른 국토안전관리원 또는 한국건설기술연구원에 안전진단 결과의 적정성 여부에 대한 검토를 의뢰할 수 있다.

POINT 06 주민대표회의 ☆

> 위원장과 부위원장 각 1명과 1명 이상 3명 이하의 감사를 둔다.

① 위원장 포함 5명 이상 25명 이하로 구성
② 토지등소유자 과반수 동의 + 시장·군수등(승인)
③ 주민대표회의 또는 세입자(상가세입자를 포함)는 시행자가 시행규정을 정하는 때 의견을 제시할 수 있다.

핵심 OX 지문

기본계획의 수립 및 정비구역의 지정

01 주거환경개선사업이라 함은 정비기반시설은 양호하나 노후·불량건축물이 밀집한 지역에서 주거환경을 개선하기 위하여 시행하는 사업을 말한다. (   )

02 공동으로 사용하는 구판장은 정비기반시설에 해당하지 않는다. (   )

03 유치원은 공동이용시설에 해당한다. (   )

04 재개발사업의 정비구역 안에 소재한 토지의 지상권자는 토지등소유자에 해당한다. (   )

05 국토교통부장관은 기본계획에 대하여 5년마다 타당성을 검토하여 그 결과를 기본계획에 반영하여야 한다. (   )

06 기본계획의 수립권자는 기본계획을 수립하려는 경우 14일 이상 주민에게 공람하여 의견을 들어야 한다. (   )

07 도지사가 대도시가 아닌 시로서 기본계획을 수립할 필요가 없다고 인정하는 시에 대하여는 기본계획을 수립하지 아니할 수 있다. (   )

08 대도시의 시장이 아닌 시장은 기본계획의 내용 중 정비사업의 계획기간을 단축하는 경우 도지사의 변경승인을 받지 아니할 수 있다. (   )

09 기본계획에 생활권별 기반시설 설치계획이 포함된 경우에는 기본계획에 포함되어야 할 사항 중 주거지 관리계획이 생략될 수 있다. (   )

10 기본계획에는 사회복지시설 및 주민문화시설 등의 설치계획이 포함되어야 한다. (   )

11 정비구역 지정권자는 정비구역 진입로 설치를 위하여 필요한 경우에는 진입로 지역과 그 인접지역을 포함하여 정비구역을 지정할 수 있다. (   )

12 정비구역에서는 「주택법」에 따른 지역주택조합의 조합원을 모집해서는 아니 된다. (   )

13 정비구역에서 이동이 용이하지 아니한 물건을 1개월 이상 쌓아놓는 행위는 시장·군수등의 허가를 받아야 한다. (   )

14 정비구역 지정권자는 토지등소유자가 시행하는 재개발사업으로서 토지등소유자가 정비구역으로 지정·고시된 날부터 4년이 되는 날까지 사업시행계획인가를 신청하지 아니하는 경우에는 정비구역 등을 해제하여야 한다. (   )

15 주거환경개선사업은 사업시행자가 환지로 공급하는 방법으로 사업을 시행할 수 있다. (   )

16 해당 정비구역의 국·공유지 면적이 전체 토지면적의 2분의 1 이상으로서 토지등소유자의 과반수가 시장·군수등을 시행자로 지정하는 것에 동의한 때에는 시장·군수등이 직접 재개발사업을 시행할 수 있다. (   )

✔ 정답

01 X 재건축사업에 관한 내용이다.   02 O   03 X 유치원은 공동이용시설에 해당하지 않는다.   04 O   05 X 국토교통부장관이 아니라 기본계획 수립권자인 특별시장·광역시장·특별자치시장·특별자치도지사 또는 시장이 5년마다 타당성을 검토하여야 한다.   06 O   07 O   08 O   09 X 정비예정구역의 개략적인 범위와 단계별 정비사업 추진계획은 생략될 수 있지만, 주거지 관리계획은 생략될 수 없다.   10 O   11 O   12 O   13 O   14 X 5년이 되는 날까지 사업시행계획인가를 신청하지 아니하는 경우에 정비구역 등을 해제하여야 한다.   15 O   16 O

정비사업조합 등

01 조합의 정관에는 정비구역의 위치 및 면적이 포함되어야 한다. ( )

02 조합설립인가 후 시장·군수등이 토지주택공사등을 사업시행자로 지정·고시한 때에는 그 고시일에 조합설립인가가 취소된 것으로 본다. ( )

03 조합이 재개발임대주택의 인수를 요청하는 경우 국토교통부장관이 우선하여 인수하여야 한다. ( )

04 조합원의 자격에 관한 사항에 대하여 정관을 변경하고자 하는 경우 총회에서 조합원 3분의 2 이상의 찬성으로 한다. ( )

05 조합임원이 결격사유에 해당하게 되어 당연 퇴임한 경우 그가 퇴임 전에 관여한 행위는 그 효력을 잃는다. ( )

06 조합의 이사는 대의원회에서 해임될 수 있다. ( )

07 조합원의 수가 50명 이상인 조합은 대의원회를 두어야 한다. ( )

08 조합장이 아닌 조합임원은 대의원이 될 수 없다. ( )

09 정비사업전문관리업자의 선정 및 변경에 관한 사항은 대의원회에서 총회의 권한을 대행할 수 없다. ( )

10 관리처분계획의 수립 및 변경을 의결하는 총회의 경우에는 조합원의 100분의 10 이상이 직접 출석하여야 한다. ( )

11 재개발사업의 추진위원회가 조합을 설립하려면 토지등소유자의 4분의 3 이상 및 토지면적의 2분의 1 이상의 토지소유자의 동의를 받아야 한다. ( )

12 재건축사업의 추진위원회가 조합을 설립하려는 경우 주택단지가 아닌 지역이 정비구역에 포함된 때에는 주택단지가 아닌 지역의 토지 또는 건축물 소유자의 4분의 3 이상 및 토지면적의 3분의 2 이상의 토지소유자의 동의를 받아야 한다. ( )

13 토지등소유자의 수가 100명을 초과하는 경우 조합에 두는 이사의 수는 5명 이상으로 한다. ( )

14 조합장이 자기를 위하여 조합과 소송을 할 때에는 이사가 조합을 대표한다. ( )

15 재건축사업을 하는 정비구역에서 오피스텔을 건설하여 공급하는 경우에는 「국토의 계획 및 이용에 관한 법률」에 따른 준주거지역 및 상업지역 이외의 지역에서 오피스텔을 건설할 수 있다. ( )

16 조합의 이사는 조합의 대의원을 겸할 수 있다. ( )

17 주민대표회의는 토지등소유자의 과반수의 동의를 받아 구성하며, 위원장과 부위원장 각 1명과 1명 이상 3명 이하의 감사를 둔다. ( )

✓ 정답

01 ○ 02 ✕ 그 고시일의 다음 날에 조합설립인가가 취소된 것으로 본다. 03 ✕ 시·도지사 또는 시장·군수, 구청장이 우선하여 인수하여야 한다. 04 ○ 05 ✕ 효력을 잃지 아니한다. 06 ✕ 조합의 이사는 대의원회에서 해임될 수 없다. 07 ✕ 조합원의 수가 100명 이상인 조합은 대의원회를 두어야 한다. 08 ○ 09 ○ 10 ✕ 조합원의 100분의 20 이상이 직접 출석하여야 한다. 11 ○ 12 ○ 13 ○ 14 ✕ 감사가 조합을 대표한다. 15 ✕ 준주거지역 및 상업지역에서만 오피스텔을 건설할 수 있다. 16 ✕ 조합의 이사는 대의원을 겸할 수 없다. 17 ○

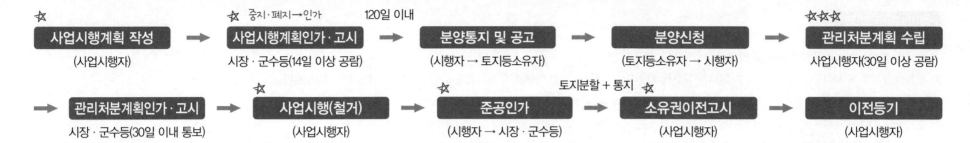

☆ **사업시행계획 작성** → ☆ 중지·폐지→인가 **사업시행계획인가·고시** 120일 이내 → **분양통지 및 공고** → **분양신청** → ☆☆☆ **관리처분계획 수립**
(사업시행자)　시장·군수등(14일 이상 공람)　(시행자 → 토지등소유자)　(토지등소유자 → 시행자)　사업시행자(30일 이상 공람)

→ **관리처분계획인가·고시** → ☆ **사업시행(철거)** → 토지분할 + 통지 ☆ **준공인가** → **소유권이전고시** → **이전등기**
시장·군수등(30일 이내 통보)　(사업시행자)　(시행자 → 시장·군수등)　(사업시행자)　(사업시행자)

---

1. 사업시행계획인가

시행자 → 시장·군수등(인가): 60일 이내에 인가 여부를 통보

2. 교육감 등과의 협의 ☆

정비구역으로부터 200m 이내에 교육시설이 설치되어 있는 때에 협의

3. 사업시행계획서의 동의 ☆

(1) 재개발사업을 토지등소유자가 시행하려는 경우: 토지등소유자 3/4 이상 및 토지면적 1/2 이상 동의
(2) 지정개발자: 토지등소유자 과반수 및 토지면적 1/2 이상의 동의

4. 내용(분양 X) ☆

(1) 정비기반시설 및 공동이용시설 설치계획
(2) 주민이주대책, 세입자의 주거대책 등

5. 정비사업비의 예치 ☆

재개발사업 + 시행자가 지정개발자 → 정비사업비의 20/100의 범위에서 예치하게 할 수 있다.

6. 경미한 변경(신고)

(1) 대지면적을 10%의 범위 안에서 변경하 는 때
(2) 건축물이 아닌 부대시설·복리시설의 설치 규모를 확대하는 때(위치가 변경되는 경우는 제외)

---

1. 분양통지 및 공고 ☆

사업시행자는 사업시행계획인가·고시일로부터 120일 이내에 분양신청기간 등을 토지등소유자에게 통지하고 일간신문에 공고하여야 한다. 다만, 분양대상별 종전토지 또는 건축물의 명세 및 분담금의 추산액은 공고(×)

2. 분양신청기간

통지한 날부터 30일 이상 60일 이내(20일의 범위에서 한 차례만 연장 가능)

3. 분양신청

대지 또는 건축물의 분양을 받고자 하는 토지등소유자: 시행자에게 분양신청을 하여야 한다.

4. 손실보상

사업시행자는 관리처분계획인가·고시된 다음 날부터 90일 이내에 다음에서 정한 자와 토지, 건축물 또는 그 밖의 권리의 손실보상에 관한 협의를 하여야 한다. → 협의가 성립되지 아니하면 60일 이내에 수용재결을 신청하거나 매도청구소송을 제기하여야 한다.
(1) 분양신청을 하지 아니한 자
(2) 분양신청을 철회한 자
(3) 분양신청을 할 수 없는 자
(4) 분양대상에서 제외된 자

---

1. 관리처분계획의 작성 ☆☆

사업시행자는 분양신청기간이 종료한 때에는 분양신청의 현황을 기초로 관리처분계획을 수립(중지·폐지)하여 시장·군수등의 인가를 받아야 한다.

2. 시장·군수등의 인가

시장·군수등은 시행자의 관리처분계획인가 신청이 있은 날로부터 30일 이내에 인가 여부를 결정하여 시행자에게 통보하여야 한다. 다만, 타당성검증을 요청하는 경우에는 60일 이내에 통지하여야 한다.

3. 사용·수익의 정지 ☆☆

종전 토지 또는 건축물의 소유자·지상권자·전세권자·임차권자 등 권리자는 이전의 고시가 있는 날까지 종전 토지 또는 건축물을 사용하거나 수익할 수 없다. 다만, ① 사업시행자의 동의를 받은 경우와 ② 손실보상이 완료되지 아니한 경우에는 사용하거나 수익할 수 있다.

4. 건축물의 철거

(1) 원칙: 관리처분계획인가를 받은 후 기존의 건축물을 철거하여야 한다.
(2) 예외: 폐공가의 밀집으로 범죄 발생의 우려가 있는 경우에는 건축물 소유자의 동의 및 시장·군수등의 허가를 받아 해당 건축물을 철거할 수 있다.

---

1. 지상권 등의 권리이전

대지 또는 건축물을 분양받을 자에게 소유권을 이전한 경우 종전에 설정된 지상권, 전세권, 저당권, 임차권 등은 소유권을 이전받은 대지 또는 건축물에 설정된 것으로 본다.

2. 청산금 ☆

사업시행자는 소유권이전고시가 있은 후에 청산금을 분양받은 자로부터 징수하거나 분양받은 자에게 지급하여야 한다.
(1) 청산금의 산정기준: 규모·위치·용도·이용상황·정비사업비 등을 고려하여 평가하여야 한다.
(2) 분할징수 및 지급 가능
(3) 분할징수·지급시기: 관리처분계획인가~이전고시일까지 일정기간별로 분할징수하거나 분할지급할 수 있다.
(4) 청산금의 징수
① 시장·군수등인 시행자: 지방세 체납처분의 예에 따라 징수 가능
② 시장·군수등이 아닌 시행자: 시장·군수등에게 징수위탁(수수료 4/100 지급)
(5) 소멸시효: 이전고시일 다음 날부터 5년간 행사하지 아니하면 소멸한다.

3. 물상대위 ☆

저당권을 설정한 권리자는 시행자가 토지 또는 건축물의 소유자에게 청산금을 지급하기 전에 압류절차를 거쳐 저당권을 행사할 수 있다.

---

1. 소유권이전등기

사업시행자는 이전고시가 있은 때에는 지체 없이 촉탁 또는 신청 → 이전고시가 있은 날부터 등기가 있을 때까지는 저당권 등의 다른 등기를 하지 못한다.

2. 조합해산

조합장은 소유권이전고시가 있은 날부터 1년 이내에 조합해산을 위한 총회를 소집하여야 한다.

빈칸완성 한번 더!

☆
사업시행계획 작성 → ☐·폐지→인가 120일 이내
(사업시행자)

사업시행계획인가·고시 → **분양통지 및 공고** → ☐ → ☆☆☆ **관리처분계획 수립**
시장·군수등(☐ 공람)　(시행자 → 토지등소유자)　(토지등소유자 → 시행자)　사업시행자(☐ 공람)

→ **관리처분계획인가·고시** → ☆ **사업시행(☐)** → 토지분할 + 통지 ☆ ☐ → **소유권이전고시** → ☐
시장·군수등(30일 이내 통보)　(사업시행자)　(시행자 → 시장·군수등)　(사업시행자)　(사업시행자)

---

1. 사업시행계획인가

시행자 → 시장·군수등(인가): 60일 이내에 인가 여부를 통보

2. 교육감 등과의 협의 ☆

정비구역으로부터 ☐ 이내에 교육시설이 설치되어 있는 때에 협의

3. 사업시행계획서의 동의 ☆

(1) 재개발사업을 토지등소유자가 시행하려는 경우: 토지등소유자 3/4 이상 및 토지면적 1/2 이상 동의
(2) 지정개발자: 토지등소유자 과반수 및 토지면적 ☐ 이상의 동의

4. 내용(분양 X) ☆

(1) 정비기반시설 및 ☐ 설치계획
(2) 주민이주대책, 세입자의 주거대책 등

5. 정비사업비의 예치 ☆

재개발사업 + 시행자가 지정개발자 → 정비사업비의 ☐ 의 범위에서 예치하게 할 수 있다.

6. 경미한 변경(신고)

(1) 대지면적을 ☐ 의 범위 안에서 변경하는 때
(2) 건축물이 아닌 부대시설·복리시설의 설치 규모를 확대하는 때(☐ 가 변경되는 경우는 제외)

---

1. 분양통지 및 공고 ☆

사업시행자는 사업시행계획인가·고시일로부터 ☐ 이내에 분양신청기간 등을 토지등소유자에게 통지하고 일간신문에 공고하여야 한다. 다만, 분양대상자별 종전토지 또는 건축물의 명세 및 분담금의 추산액은 공고(x)

2. 분양신청기간

☐ 날부터 30일 이상 60일 이내(20일의 범위에서 한 차례만 연장 가능)

3. 분양신청

대지 또는 건축물의 분양을 받고자 하는 토지등소유자: 시행자에게 분양신청을 하여야 한다.

4. 손실보상

사업시행자는 관리처분계획인가·고시된 다음 날부터 ☐ 이내에 다음에서 정한 자와 토지, 건축물 또는 그 밖의 권리의 손실보상에 관한 협의를 하여야 한다. → 협의가 성립되지 아니하면 60일 이내에 수용재결을 신청하거나 매도청구소송을 제기하여야 한다.
(1) 분양신청을 하지 아니한 자
(2) 분양신청을 철회한 자
(3) 분양신청을 할 수 없는 자
(4) 분양대상에서 제외된 자

---

1. 관리처분계획의 작성 ☆☆

사업시행자는 분양신청기간이 종료한 때에는 분양신청의 현황을 기초로 관리처분계획을 수립(☐·폐지)하여 시장·군수등의 인가를 받아야 한다.

2. 시장·군수등의 인가

시장·군수등은 시행자의 관리처분계획인가 신청이 있는 날로부터 ☐ 이내에 인가 여부를 결정하여 시행자에게 통보하여야 한다. 다만, 타당성검증을 요청하는 경우에는 60일 이내에 통지하여야 한다.

3. 사용·수익의 정지 ☆☆

종전 토지 또는 건축물의 소유자·지상권자·전세권자·임차권자 등 권리자는 이전의 고시가 있는 날까지 종전 토지 또는 건축물을 사용하거나 수익할 수 ☐. 다만, ① 사업시행자의 동의를 받은 경우와 ② 손실보상이 완료되지 아니한 경우에는 사용하거나 수익할 수 ☐.

4. 건축물의 철거

(1) 원칙: 관리처분계획인가를 받은 후 기존의 건축물을 철거하여야 한다.
(2) 예외: 폐공가의 밀집으로 범죄 발생의 우려가 있는 경우에는 건축물 소유자의 동의 및 시장·군수등의 허가를 받아 해당 건축물을 철거할 수 있다.

---

1. 지상권 등의 권리이전

대지 또는 건축물을 분양받을 자에게 소유권을 이전한 경우 종전에 설정된 지상권, 전세권, 저당권, 임차권 등은 소유권을 이전받은 대지 또는 는 건축물에 ☐.

2. 청산금 ☆

사업시행자는 소유권이전고시가 있은 후에 청산금을 분양받은 자로부터 징수하거나 분양받은 자에게 지급하여야 한다.
(1) 청산금의 산정기준: 규모·위치·용도·이용상황·정비사업비 등을 고려하여 평가하여야 한다.
(2) 분할징수 및 지급 ☐
(3) 분할징수·지급시기: ☐ ~ 이전고시일까지 일정기간별로 분할징수하거나 분할지급할 수 있다.
(4) 청산금의 징수
① 시장·군수등인 시행자: 지방세 체납처분의 예에 따라 징수 가능
② 시장·군수등이 아닌 시행자: 시장·군수등에게 ☐(수수료 4/100 지급)
(5) 소멸시효: 이전고시일 ☐ 5년간 행사하지 아니하면 소멸한다.

3. 물상대위 ☆

저당권을 설정한 권리자는 시행자가 토지 또는 건축물의 소유자에게 ☐ 을 지급하기 전에 압류절차를 거쳐 저당권을 행사할 수 ☐.

---

1. 소유권이전등기

사업시행자는 이전고시가 있은 때에는 지체 없이 촉탁 또는 신청 → 이전고시가 있은 날부터 등기가 있을 때까지는 저당권 등의 다른 등기를 하지 못한다.

2. 조합해산

조합장은 소유권이전고시가 있은 날부터 1년 이내에 조합해산을 위한 총회를 소집하여야 한다.

핵심 POINT

POINT 01 사업시행계획 ☆

사업시행계획의 내용
① 정비기반시설 및 공동이용시설 설치계획
② 주민이주대책
③ 세입자의 주거 및 이주대책
④ 범죄예방대책
⑤ 폐기물 처리계획
⑥ 임대주택의 건설계획(재건축사업은 제외)
⑦ 국민주택규모주택의 건설계획(주거환경개선사업은 제외)

공람기간 기본계획(공람 14일 이상) → 정비계획(공람 30일 이상) → 정비구역
→ 사업시행계획(공람 14일 이상) → 관리처분계획(공람 30일 이상)

중지, 폐지 사업시행계획, 관리처분계획의 ⓒ지·폐지 → 인가를 받아야 한다.

통보기간 시장·군수등은 ㉀0일 이내에 인가 여부를 사업시행자에게 통보하여야 한다.

지정개발자가 시행자 토지등소유자 과반수 동의 + 토지면적 2분의 1 이상의 동의

교육감과 협의 정비구역으로부터 200m 이내에 교육시설이 설치되어 있는 때

정비사업비의 예치 재개발사업 + 지정개발자(토지등소유자가 시행하는 경우로 한정) +
100분의 20 이내

경미한 사항의 변경 → 신고 O
① 대지면적을 10% 범위 안에서 변경
② 위치가 변경되지 않는 범위에서 부대·복리시설의 설치규모 확대
③ 내장재료 또는 외장재료를 변경하는 때
④ 시행자의 명칭 또는 사무소 소재지를 변경하는 때
⑤ 정비구역 또는 정비계획의 변경에 따라 사업시행계획서를 변경하는 때
⑥ 조합설립변경 인가에 따라 사업시행계획서를 변경하는 때

임시거주시설 설치의무 주거환경개선사업, 재개발사업

주거환경개선사업 국민주택채권의 매입에 관한 규정을 적용하지 아니한다.

POINT 02 관리처분계획(1) ☆☆☆

환지부지정 너무 좁은 토지 또는 정비구역 지정 후 분할된 토지 → 현금으로 청산할 수 있다.

위해 방지 건축물의 일부와 건축물이 있는 대지의 공유지분을 교부할 수 있다.

분양설계 분양신청기간 만료일을 기준으로 수립한다. → 입체환지

주택의 공급
① 1주택 공급: 공유
② 2주택: 종전 가격의 범위 또는 종전 주택의 주거전용면적의 범위
③ 3주택 이하: 과밀억제권역 + 재건축사업 → 투기과열지구 or 조정대상지역 제외
④ 소유한 주택 수만큼 공급
㉠ 과밀억제권역에 위치하지 아니한 지역 + 재건축사업
㉡ 근로자 숙소, 기숙사 용도
㉢ 국가, 지자체 및 토지주택공사 등

사용·수익의 정지 관리처분계획인가 고시가 있은 때에는 + 종전의 토지 또는 건축물을
사용하거나 수익할 수 없다. 다만, ① 사업시행자의 동의를 받은 경우,
② 손실보상이 완료되지 아니한 경우는 사용 또는 수익할 수 있다.

건축물의 철거 폐공가 밀집으로 범죄 발생의 우려가 있는 경우에는 기존 건축물 소유자의
동의 및 시장·군수등의 허가를 받아 해당 건축물을 철거할 수 있다.

임대주택 인수의무 국토교통부장관, 시·도지사, 시장·군수·구청장 또는 토지주택공사
등은 조합이 요청하는 경우 재개발사업의 시행으로 건설된 임대주택
을 인수하여야 한다. → 이 경우 시·도지사, 시장·군수·구청장이 우
선하여 인수하여야 한다.

토지임대부 분양주택 면적이 90m² 미만의 토지를 소유한 자 또는 40m² 미만의 주거를 위
하여 사용하는 건축물을 소유한 자의 요청이 있는 경우에는 임대주
택의 일부를 토지임대부 분양주택으로 전환하여 공급하여야 한다.

지분형 주택
① 지분형 주택의 규모는 주거전용면적 60m² 이하인 주택으로 한정한다.
② 지분형 주택의 공동소유기간은 소유권을 취득한 날부터 10년의 범위에
서 시행자가 정한다.

관리처분기준 주거환경개선사업 및 재개발사업의 경우 지상권자에 대한 분양을 제외한다.

토지등소유자 산정방법
① 1필지의 토지나 건축물을 공유하는 때 → 1명으로 산정한다.
② 토지에 지상권이 설정되어 있는 경우 → 1명으로 산정한다.
③ 1인이 다수 필지의 토지나 건축물을 소유하고 있는 경우 → 1
명으로 산정한다.

POINT 03 관리처분계획(2), 청산금 ☆☆☆

경미한 변경 시장·군수등에게 신고

① 계산착오·오기·누락 등 단순정정으로서 불이익을 받는 자가 없는 경우
② 사업시행자의 변동에 따른 권리·의무의 변동이 있는 경우로서 분양설계의 변경을 수반하지 아니하는 경우
③ 주택분양에 관한 권리를 포기하는 토지등소유자에게 임대주택의 공급에 따라 관리처분계획을 변경하는 경우
④ 매도청구의 판결에 따라 관리처분계획을 변경하는 경우
⑤ 정관 및 사업시행계획인가의 변경에 따라 관리처분계획을 변경하는 경우

시장·군수등이 아닌 시행자 시장·군수등에게 준공인가를 받아야 한다. 다만, 토지주택공사는 준공인가 처리결과를 통보한 때에는 준공인가를 받지 않아도 된다. → 지방공사는 준공인가를 받아야 한다.

준공인가에 따른 정비구역 해제

① 정비구역 지정은 준공인가의 고시가 있는 날(관리처분계획을 수립하는 경우에는 이전고시가 있은 때의 다음 날에 해제된 것으로 본다.)
② 정비구역의 해제는 조합의 존속에 영향을 주지 아니한다.

소유권이전고시절차

| 준공인가 (시장·군수등) | → | 토지분할 | → | 분양받을 자에게 통지 | → | 소유권이전고시 (다음 날: 소유권취득) |

이전등기

① 사업시행자는 소유권이전고시가 있은 때에는 지체 없이 대지 및 건축물에 관한 등기를 지방법원지원 또는 등기소에 촉탁 또는 신청하여야 한다.
② 정비사업에 관하여 소유권이전고시가 있은 날부터 소유권이전등기가 있을 때까지는 저당권 등의 다른 등기를 하지 못한다.

청산금의 분할징수 관리처분계획인가 ~ 소유권이전고시일까지 분할징수 및 분할지급할 수 있다.

시장·군수등이 아닌 시행자 시장·군수등에게 징수위탁(수수료 4/100)

청산금의 소멸시효 소유권이전고시일 다음 날부터 5년(도정법)

청산금의 물상대위 저당권을 설정한 권리자는 청산금이 지급되기 전에 압류절차를 거쳐 저당권을 행사할 수 있다.

POINT 04 재개발사업·재건축사업의 공공시행자 ☆☆ *시장·군수등 토지주택공사등*

시행사유

① 정비사업시행 예정일부터 2년 이내에 사업시행계획인가를 신청하지 아니한 때(재건축사업은 제외)
② 추진위원회가 승인을 받은 날부터 3년 이내에 조합설립인가를 신청하지 아니하거나 조합이 조합설립인가일부터 3년 이내에 사업시행계획인가를 신청하지 아니한 때
③ 국공유지면적 2분의 1 이상 + 토지등소유자 과반수가 동의한 때
④ 토지면적 2분의 1 이상 + 토지등소유자 3분의 2 이상이 요청하는 때

지정효과 시장·군수등이 직접 시행하거나 토지주택공사등을 시행자로 지정·고시한 때에는 고시일 다음 날 조합설립인가가 취소된 것으로 본다.

POINT 05 조합의 해산

조합장은 소유권이전고시가 있은 날부터 1년 이내에 조합해산을 위한 총회를 소집하여야 한다.

조합장이 1년 이내에 총회를 소집하지 아니한 경우, 조합원 5분의 1 이상의 요구로 소집된 총회에서 조합원 과반수의 출석과 출석조합원 과반수의 동의를 받아 해산을 의결할 수 있다.

시장·군수등은 조합이 정당한 사유 없이 해산을 의결하지 아니하는 경우에는 조합설립인가를 취소할 수 있다.

POINT 06 비용의 부담 ☆ *기초조사비, 정비기반시설 및 임시거주시설의 사업비, 세입자 보상비, 주민이주비의 80% 이내*

원칙 정비사업비는 특별한 규정이 있는 경우를 제외하고는 사업시행자가 부담한다.

보조 및 융자

① 국가 또는 지방자치단체는 시장·군수등이 아닌 시행자가 시행하는 정비사업에 드는 비용의 일부를 보조(기초조사비, 정비기반시설 및 임시거주시설의 사업비, 조합운영경비의 50% 이내) 또는 융자하거나 융자를 알선할 수 있다.
② 국가 또는 지방자치단체는 토지임대부 분양주택을 공급받는 자에게는 해당 공급비용의 전부 또는 일부를 보조하거나 융자할 수 있다.

국·공유재산의 처분

① 정비구역의 국유·공유재산은 정비사업 외의 목적으로 매각되거나 양도될 수 없다.
② 정비구역의 국유·공유재산은 시행자 또는 점유자 및 사용자에게 다른 사람에 우선하여 수의계약으로 매각할 수 있다. 이 경우 국유·공유자는 사업시행계획인가의 고시가 있은 날을 기준으로 평가한다.

핵심 OX 지문

사업시행계획 및 관리처분계획

01 사업시행자가 사업시행계획인가를 받은 후 대지면적을 10%의 범위 안에서 변경하는 경우 시장·군수등에게 신고하여야 한다. (　)

02 사업시행계획서에는 정비기반시설 및 공동이용시설의 설치계획이 포함되어야 한다. (　)

03 시장·군수는 정비구역에서 면적이 90m² 미만의 토지를 소유한 자로서 건축물을 소유하지 아니한 자의 요청이 있는 경우에는 인수한 임대주택의 일부를 「주택법」에 따른 토지임대부분양주택으로 전환하여 공급하여야 한다. (　)

04 재개발사업의 관리처분은 정비구역 안의 지상권자에 대한 분양을 포함하여야 한다. (　)

05 주거환경개선사업의 사업시행자는 관리처분계획에 따라 공동이용시설을 새로 설치하여야 한다. (　)

06 관리처분계획 인가·고시가 있은 때에는 종전의 토지의 임차권자는 사업시행자의 동의를 받더라도 소유권의 이전고시가 있은 날까지 종전의 토지를 사용할 수 없다. (　)

07 정비사업의 시행으로 조성된 대지 및 건축물은 관리처분계획에 따라 처분 또는 관리하여야 한다. (　)

08 사업시행자는 정비사업의 시행으로 건설된 건축물을 관리처분계획에 따라 토지등소유자에게 공급하여야 한다. (　)

09 조합이 재개발임대주택의 인수를 요청하는 경우 국토교통부장관이 우선하여 인수하여야 한다. (　)

10 관리처분계획에 따라 소유권을 이전하는 경우 건축물을 분양받을 자는 이전고시가 있은날의 다음 날에 그 건축물의 소유권을 취득한다. (　)

11 사업시행자인 지방공사가 정비사업 공사를 완료한 때에는 시장·군수등의 준공인가를 받아야 한다. (　)

12 정비사업의 효율적인 추진을 위하여 필요한 경우에는 해당 정비사업에 관한 공사가 전부완료되기 전이라도 완공된 부분은 준공인가를 받아 대지 또는 건축물별로 분양받을 자에게 소유권을 이전할 수 있다. (　)

13 준공인가에 따라 정비구역의 지정이 해제되면 조합도 해산된 것으로 본다. (　)

14 정비사업에 관하여 소유권의 이전고시가 있은 날부터는 대지 및 건축물에 관한 등기가 없더라도 저당권 등의 다른 등기를 할 수 있다. (　)

15 청산금을 지급받을 권리는 소유권이전고시일 다음 날부터 3년간 이를 행사하지 아니하면 소멸한다. (　)

✓ 정답

01 ○　02 ○　03 ○　04 X 지상권자에 대한 분양은 제외한다.　05 X 사업시행자는 사업시행계획서에 따라 공동이용시설을 설치하여야 한다.　06 X 종전의 토지를 사용할 수 있다.　07 ○　08 ○
09 X 시·도지사 또는 시장, 군수, 구청장이 우선하여 인수하여야 한다.　10 ○　11 ○　12 ○　13 X 정비구역의 해제는 조합의 존속에 영향을 주지 않는다. 14 X 저당권 등의 다른 등기를 할 수 없다.
15 X 5년간 이를 행사하지 아니하면 소멸한다.

도시 및 주거환경정비법

01 정비기본방침

수립권자	국토교통부장관이 10년 단위로 수립 + 5년마다 타당성검토

02 정비기본계획

수립권자 등	특별시장 · 광역시장 · 특별자치시장 · 특별자치도지사 · 시장이 **10년** 단위로 수립 + **5년**마다 타당성검토, **14일** 이상 공람

03 정비계획

절 차	주민설명회 → 공람(30일 이상) → 지방의회 의견(60일 내) → 정비구역 지정(신청)

04 정비구역의 지정

기득권 보호	지정 당시 공사나 사업에 착수한 자는 정비구역 지정 · 고시 후 30일 이내에 신고하고 공사나 사업을 계속 시행할 수 있다.
소급제한	국토교통부장관, 시 · 도지사, 시장 · 군수 또는 구청장은 정비기본계획을 공람 중인 정비예정구역 또는 정비계획의 수립 중인 지역에 대하여 3년(1회에 한하여 1년 연장 가능) 이내의 기간을 정하여 건축물의 건축과 토지분할을 제한할 수 있다.

05 정비구역의 해제

해제의무	① 정비구역 지정 예정일부터 3년이 되는 날까지 특별자치시장, 특별자치도지사, 시장 또는 군수가 정비구역을 지정하지 아니하거나 구청장등이 정비구역의 지정을 신청하지 아니한 경우 ② 재개발사업 · 재건축사업의 경우(조합이 시행하는 경우) 　㉠ 정비구역지정 · 고시 → 2년이 되는 날까지 추진위원회의 승인을 신청하지 아니한 경우 　㉡ 추진위원회가 추진위원회 승인일부터 2년이 되는 날까지 조합설립인가를 신청하지 아니한 경우 　㉢ 조합이 조합설립인가를 받은 날부터 3년이 되는 날까지 사업시행계획인가를 신청하지 아니한 경우 　㉣ 토지등소유자가 정비구역으로 지정 · 고시된 날로부터 3년이 되는 날까지 조합설립인가를 신청하지 아니한 경우(추진위원회를 구성하지 아니하는 경우로 한정한다) ③ 토지등소유자가 시행하는 재개발사업: 정비구역으로 지정 · 고시 후 5년이 되는 날까지 사업시행계획인가를 신청하지 아니한 경우

06 시행자

주거환경개선사업	① 현지개량방법: 시장·군수등이 직접 시행하되, 토지등소유자의 과반수 동의를 받아 토지주택공사등을 시행자로 지정하여 사업을 시행하게 할 수 있다. ② 수용방법: 토지 또는 건축물 소유자 또는 지상권자의 2/3 이상의 동의와 세입자 세대수의 과반수의 동의를 받아 시장·군수등이 직접 시행하거나 토지주택공사등을 지정하여 시행할 수 있다. 다만, 세입자 세대수가 토지등소유자의 **1/2** 이하인 경우에는 세입자의 동의절차를 거치지 아니할 수 있다.

07 시공자 선정

조 합	조합설립인가 후 조합 총회에서 경쟁입찰 또는 수의계약(2회 이상 경쟁입찰이 유찰된 경우에 한함)의 방법으로 건설업자 또는 등록사업자를 시공자로 선정하여야 한다. 다만, 조합원이 **100명** 이하인 정비사업은 조합 총회에서 정관으로 정하는 바에 따라 선정할 수 있다.

08 조 합

추진위원회	① 위원장을 포함한 **5명** 이상의 위원으로 구성 + ② 토지등소유자 과반수의 동의 + ③ 시장·군수등의 승인
조합설립 동의	① 재개발사업: 토지등소유자 **3/4** 이상 + 토지면적 **1/2** 이상의 동의 ② 재건축사업 ┌ ㉠ 주택단지에서 시행하는 경우 → 동별 구분소유자 과반수 동의와 전체 구분소유자 **3/4** + 토지면적 **3/4** 이상의 동의 └ ㉡ 주택단지가 아닌 지역 → 토지 또는 건축물 소유자의 **3/4** 이상 + 토지면적 **2/3** 이상의 동의
설립등기	조합은 조합설립인가를 받은 날부터 30일 이내에 주된 사무소의 소재지에서 등기하는 때에 성립한다.
임원의 해임 등	① 조합임원은 조합원 **1/10** 이상의 요구로 소집된 총회에서 조합원 과반수의 출석과 출석 조합원 과반수의 동의를 받아 해임할 수 있다. ② 총회를 소집하려는 자는 총회 개최 7일 전까지 회의 목적·안건·일시 및 장소 등을 조합원에게 통지하여야 한다.
대의원회	조합원의 수가 **100명** 이상인 조합은 대의원회를 두어야 한다.
정관의 변경	① 조합원의 자격, ② 조합원의 제명·탈퇴 및 교체, ③ 조합의 비용부담 및 회계, ④ 시공자 및 설계자의 선정, ⑤ 정비구역의 위치 및 면적, ⑥ 정비사업비의 부담시기 및 절차 → 조합원 **2/3** 이상의 찬성
출석요건	① 시공자 선정을 의결하는 경우 → 조합원 과반수가 직접 출석하여야 하고, ② 창립총회, 시공자 선정 취소를 위한 총회, 사업시행계획서의 작성 및 변경, 관리처분계획의 수립 및 변경, 정비사업비의 사용 및 변경을 의결하는 경우 → 조합원 100분의 20 이상이 직접 출석하여야 한다.
조합해산	① 조합장은 소유권이전고시가 있은 날부터 1년 이내에 조합해산을 위한 총회를 소집하여야 한다. ② 조합장이 1년 이내에 총회를 소집하지 아니한 경우 조합원 5분의 1 이상의 요구로 소집된 총회에서 조합원 과반수의 출석과 출석 조합원 과반수의 동의를 받아 해산을 의결할 수 있다.

조합임원 및 조합 관리인	① 조합임원의 임기는 3년 이하의 범위에서 정관으로 정하되, 연임할 수 있다. ② 시장 · 군수등은 조합원 1/3 이상이 요청하면 공개모집을 통하여 전문조합관리인을 선정할 수 있다. ③ 전문조합관리인의 임기는 3년으로 한다.

09 안전진단

요 청	건축물 및 부속토지의 소유자 1/10 이상의 동의를 받아 안전진단의 실시를 요청하는 경우(30일 이내 실시 여부를 결정 · 통보)

10 사업시행계획

인가절차	① 시장 · 군수등은 특별한 사유가 없으면 60일 이내에 인가 여부를 결정하여 사업시행자에게 통보하여야 한다. ② 토지등소유자가 재개발사업을 시행하려는 경우에는 사업시행계획인가를 신청하기 전에 사업시행계획서에 대하여 토지등소유자의 3/4 이상 및 토지 면적 1/2 이상의 토지소유자의 동의를 받아야 한다. ③ 지정개발자가 정비사업을 시행하려는 경우에는 사업시행계획인가를 신청하기 전에 토지등소유자 과반수 동의 및 토지면적 1/2 이상의 동의를 받아야 한다. ④ 시장 · 군수등은 재개발사업의 사업시행계획인가를 하는 경우 해당 정비사업의 시행자가 지정개발자(지정개발자가 토지등소유자인 경우로 한정)인 때에는 정비사업비의 20/100의 범위에서 시 · 도 조례로 정하는 금액을 예치하게 할 수 있다. ⑤ 정비구역으로부터 200m 이내에 교육시설이 설치되어 있는 경우에는 교육감 또는 교육장과 협의하여야 한다. ⑥ 시장 · 군수등은 사업시행계획서를 작성하거나 인가하려는 경우에는 14일 이상 일반인이 공람하게 하여야 한다. ⑦ 대지면적의 10% 범위 안에서 변경 → 신고하여야 한다.

11 분양신청

분양통지 및 공고	사업시행계획인가 고시가 있는 날부터 120일 이내에 토지등소유자에게 통지하고 일간신문에 공고하여야 한다.
분양신청기간	통지한 날부터 30일 이상 60일 이내로 하여야 한다(20일의 범위에서 한 차례만 연장 가능).
손실보상 협의	① 관리처분계획의 인가 · 고시일의 다음 날부터 90일 이내에 토지 · 건축물 또는 그 밖의 권리의 손실보상에 관한 협의를 하여야 한다. ② 협의가 성립되지 아니하면 그 기간의 만료일 다음 날부터 60일 이내에 수용재결을 신청하거나 매도청구 소송을 제기하여야 한다.

12 관리처분계획

절 차	사업시행자가 수립 → 시장·군수등의 인가(30일 이내에 결정·통지). 다만, 타당성 검증을 요청하는 경우에는 60일 이내 결정·통지하여야 한다.

공급기준	① 소유한 주택 수만큼 공급 가능한 경우
	    ㉠ 과밀억제권역에 위치하지 아니한 지역 + 재건축사업(투기과열지구 또는 조정대상지역은 제외)
	    ㉡ 근로자 숙소, 기숙사 용도의 주택을 소유하고 있는 토지등소유자 ㉢ 국가, 지방자치단체 및 토지주택공사등
	 ② 과밀억제권역 + 재건축사업(투기과열지구 또는 조정대상지역은 제외) = 소유한 주택 수의 범위에서 **3주택**까지 공급 가능
	 ③ 종전 토지·건축물의 사업시행계획인가 고시일 기준으로 한 가격 또는 종전 주택의 주거전용면적의 범위에서 2주택 공급 가능 → 이 중 1주택은 60m² 이하로 하며, 소유권이전고시일 다음 날부터 3년간 전매(상속은 제외)가 제한된다.
	 ④ 경미한 변경(신고)
	    ㉠ 계산착오·오기·누락 등에 따른 조서의 단순정정으로서 불이익을 받는 자가 없는 경우
	    ㉡ 사업시행자의 변동에 따른 권리·의무의 변동이 있는 경우로서 분양설계의 변경을 수반하지 아니하는 경우
	    ㉢ 정관 및 사업시행계획인가의 변경에 따라 관리처분계획을 변경하는 경우
	    ㉣ 매도청구의 판결에 따라 관리처분계획을 변경하는 경우
	    ㉤ 주택분양에 관한 권리를 포기하는 토지등소유자에게 임대주택의 공급에 따라 관리처분계획을 변경하는 때
	 ⑤ 관리처분계획에 따른 처분
	    ㉠ 지분형 주택의 규모는 주거전용면적 **60m²** 이하인 주택으로 한정한다.
	    ㉡ 지분형 주택의 공동소유기간은 소유권을 취득한 날부터 **10년**의 범위에서 사업시행자가 정하는 기간으로 한다.
	    ㉢ 국토교통부장관, 시·도지사, 시장, 군수, 구청장 또는 토지주택공사등은 면적이 **90m²** 미만인 토지를 소유한 자로서 건축물을 소유하지 아니한 자 또는 바닥면적이 **40m²** 미만의 사실상 주거를 위하여 사용하는 건축물을 소유한 자로서 토지를 소유하지 아니한 자의 요청이 있는 경우에는 인수한 임대주택의 일부를 토지임대부 분양주택으로 전환하여 공급하여야 한다.

13 청산금

징수 및 소멸시효	① 징수 위탁: 시장·군수등이 아닌 시행자는 시장·군수등에게 청산금의 징수를 위탁할 수 있다. 이 경우 사업시행자는 징수한 금액의 **4/100**에 해당하는 금액을 시장·군수등에게 교부하여야 한다. ② 소멸시효: 소유권이전고시일 다음 날부터 **5년**간 행사하지 아니하면 소멸한다.

14 공공재개발사업

지정신청	정비계획의 입안권자 또는 토지주택공사등은 정비구역 지정권자에게 공공재개발사업 예정구역의 지정을 신청할 수 있다. 이 경우 토지주택공사등은 정비계획 입안권자를 통하여 신청하여야 한다. → 30일 이내 심의(완료) + 30일의 범위에서 연장할 수 있다.
예정구역 지정해제	공공재개발사업 예정구역이 지정·고시된 날부터 2년이 되는 날까지 정비구역으로 지정되지 아니하거나, 시행자가 지정되지 아니하면 2년이 되는 날의 다음 날에 예정구역 지정을 해제하여야 한다. → 1회에 한하여 1년의 범위에서 예정구역의 지정을 연장할 수 있다.
정비구역 지정해제	공공재개발사업을 위한 정비구역을 지정·고시한 날부터 1년이 되는 날까지 시행자가 지정되지 아니하면 1년이 되는 날의 다음 날에 공공재개발사업을 위한 정비구역의 지정을 해제하여야 한다. → 1회에 한하여 1년의 범위에서 정비구역의 지정을 연장할 수 있다.
용적률 완화	시행자는 공공재개발사업을 시행하는 경우 지방도시계획위원회 및 도시재정비위원회의 심의를 거쳐 법적상한용적률의 100분의 120까지 건축할 수 있다.

유형별
계산문제

국토의 계획 및 이용에 관한 법률

유형 1   연면적 계산문제

A시에 소재하는 甲의 대지 1,000m² 중 700m²는 제3종 일반주거지역에 걸쳐 있고, 나머지 300m²는 일반공업지역에 걸쳐 있을 경우, 이 토지에 건축할 수 있는 최대 연면적으로 옳은 것은? (단, A시의 제3종 일반주거지역의 용적률은 300%이고 일반공업지역에 적용되는 용적률은 250%이며, 그 밖의 다른 조건은 고려하지 않음)

① 1,650m²   ② 2,200m²   ③ 2,500m²
④ 2,850m²   ⑤ 3,200m²

해설 하나의 대지가 둘 이상의 용도지역에 걸치는 경우로서 각 용도지역에 걸치는 부분 중 가장 작은 부분의 규모가 330m² 이하인 경우에는 전체 대지의 건폐율 및 용적률은 각 부분이 전체 대지면적에서 차지하는 비율을 고려하여 가중평균한 값을 적용하므로, 용적률 = (700 × 3 + 300 × 2.5) ÷ 1,000 × 100 = 285%이다. 용적률 285%란 대지면적의 2.85배가 연면적이 된다는 뜻이므로, 건축 가능한 최대 연면적은 2,850m²이다.

정답 ▶ ④

유형 2   건폐율 계산문제

국토의 계획 및 이용에 관한 법령상 일반상업지역 내의 지구단위계획구역에서 건폐율이 60%이고, 대지면적이 400m²인 부지에 건축물을 건축하려는 자가 그 부지 중 100m²를 공공시설의 부지로 제공하는 경우, 지구단위계획으로 완화하여 적용할 수 있는 건폐율의 최대한도(%)는 얼마인가? (단, 조례는 고려하지 않으며, 건축주가 용도폐지되는 공공시설을 무상양수받은 경우가 아님)

① 60%   ② 65%   ③ 70%
④ 75%   ⑤ 80%

해설 완화할 수 있는 건폐율 = 해당 용도지역에 적용되는 건폐율 × [1 + 공공시설 등의 부지로 제공하는 면적(공공시설 등의 부지를 제공하는 자가 법 제65조 제2항에 따라 용도가 폐지되는 공공시설을 무상으로 양수받은 경우에는 그 양수받은 부지면적을 빼고 산정한다) ÷ 원래의 대지면적] 이내이다. 따라서 60 × (1 +100 ÷ 400) = 75%이다.

정답 ▶ ④

유형 3   용적률 계산문제(1)

A시에서 甲이 소유하고 있는 1,000m²의 대지는 제1종 일반주거지역에 800m², 제2종 일반주거지역에 200m²씩 걸쳐 있다. 甲이 대지 위에 건축할 수 있는 최대 연면적이 1,200m²일 때, A시 조례에서 정하고 있는 제1종 일반주거지역의 용적률은? (단, 조례상 제2종 일반주거지역의 용적률은 200%이며, 기타 건축제한은 고려하지 않음)

① 100%   ② 120%   ③ 150%
④ 180%   ⑤ 200%

해설 제2종 일반주거지역에 걸쳐 있는 대지면적이 200m²이기 때문에 전체 대지에 적용되는 용적률은 가중평균하여 적용한다. 가중평균한 용적률 = 1,200 ÷ 1,000 × 100 = 120%가 된다. 가중평균한 용적률 120% = [(800 × X%) + (200 × 200%)] ÷ 1,000으로 계산하면 120,000 = 800X + 40,000이 된다. 따라서 제1종 일반주거지역의 용적률은 100%이다.

정답 ▶ ①

유형 4   용적률 계산문제(2)

甲은 도시지역 내에 지정된 지구단위계획구역에서 제3종 일반주거지역인 자신의 대지에 건축물을 건축하려고 하는바, 그 대지 중 일부를 학교의 부지로 제공하였다. 국토의 계획 및 이용에 관한 법령상 다음 조건에서 지구단위계획을 통해 완화되는 용적률을 적용할 경우 甲에게 허용될 수 있는 건축물의 최대 연면적은? (단, 지역·지구의 변경은 없는 것으로 하며, 기타 용적률에 영향을 주는 다른 조건은 고려하지 않음)

- 甲의 대지면적: 1,000m²
- 학교 부지 제공면적: 200m²
- 제3종 일반주거지역의 현재 용적률: 300%
- 학교 제공부지의 용적률은 현재 용도지역과 동일함

① 3,200m²   ② 3,300m²   ③ 3,600m²
④ 3,900m²   ⑤ 4,200m²

해설 공공시설 등의 부지를 제공하는 경우에는 다음의 비율까지 용적률을 완화하여 적용할 수 있다.

완화할 수 있는 용적률 = 해당 용도지역에 적용되는 용적률 + [1.5 × (공공시설 등의 부지로 제공하는 면적 × 공공시설 등 제공 부지의 용적률) ÷ 공공시설 등의 부지 제공 후의 대지면적] 이내

따라서 용적률(300) + [1.5 × (200m² × 300) ÷ 800m²] = 412.5%가 된다. 최대 연면적 = 대지면적(800) × 용적률(4.125)이기 때문에 3,300m²이다.

정답 ▶ ②

건축법

유형 1　대지면적 산정방법

건축법령상 대지 A의 건축선을 고려한 대지면적은?
(단, 도로는 보행과 자동차 통행이 가능한 통과 도로로서 법률상 도로이며, 대지 A는 도시지역임)

① 170m²　　　② 180m²
③ 200m²　　　④ 205m²
⑤ 210m²

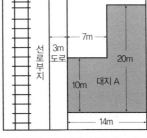

해설 소요 너비에 못 미치는 도로로서 도로 반대쪽에 선로부지가 있으므로 선로부지가 있는 쪽의 도로 경계선에서 소요 너비에 해당하는 수평거리의 선을 건축선으로 한다. 따라서 대지 A쪽으로 1m를 후퇴하여 건축선이 정해지므로 대지면적은 (7m × 10m) + (13m × 10m) = 200m²가 된다.

정답 ▶ ③

유형 2　증축 가능한 면적 산정방법

다음의 그림은 지상 3층과 다락의 구조를 갖추고 있는 다세대주택인 건축물이다. 2층과 3층은 주거전용공간이며, 지붕이 경사진 형태인 다락의 높이는 1.7m, 처마길이는 50cm이다. 대지면적이 200m², 용적률 및 건폐율 한도가 각각 200%, 50%라 할 때, 증축 가능한 최대면적은 얼마인가? (단, 기타 건축제한 및 인센티브는 없는 것으로 함)

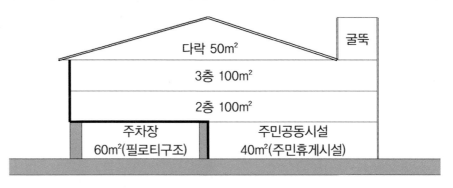

① 90m²　　　　　　② 110m²　　　　　　③ 140m²
④ 160m²　　　　　　⑤ 200m²

해설
- 승강기탑, 계단탑, 장식탑, 다락[층고가 1.5m(경사진 형태의 지붕인 경우에는 1.8m) 이하인 것만 해당한다]은 바닥면적에 산입하지 아니한다. 따라서 다락 50m²는 바닥면적에 포함되지 않는다.
- 건축물의 외부 또는 내부에 설치하는 굴뚝은 바닥면적에 산입하지 않는다.
- 1층 부분의 주차장 면적은 용적률 산정 시 연면적에서 제외된다.
- 대지면적 200m²에 용적률 200%를 곱하면 최대 연면적은 400m²가 된다. 현재 1층의 주민공동시설 면적 40m²와 2층 부분의 바닥면적 100m², 3층 부분의 바닥면적 100m²를 사용하고 있다.

따라서 최대 연면적 400m² 중 현재 사용하고 있는 240m²를 제외한 160m²의 면적이 최대 증축 가능한 면적이다.

정답 ▶ ④

건축법령상 1,000m²의 대지에 건축한 다음 건축물의 용적률은 얼마인가? (단, 제시된 조건 외에 다른 조건은 고려하지 않음)

- 하나의 건축물로서 지하 2개 층, 지상 5개 층으로 구성되어 있으며, 지붕은 평지붕임
- 건축면적은 500m²이고, 지하층 포함 각 층의 바닥면적은 480m²로 동일함
- 지하 2층은 전부 주차장, 지하 1층은 전부 제1종 근린생활시설로 사용됨
- 지상 5개 층은 전부 업무시설로 사용됨

---

① 240%　　　　　② 250%　　　　　③ 288%
④ 300%　　　　　⑤ 480%

해설　용적률 = 연면적 ÷ 대지면적 × 100이다. 연면적은 하나의 건축물 각 층의 바닥면적의 합계로 하되, 용적률을 산정할 때에는 지하층의 면적, 지상층의 주차용으로 쓰는 면적, 초고층건축물과 준초고층건축물에 설치하는 피난안전구역의 면적, 건축물의 경사지붕 아래에 설치하는 대피공간의 면적은 연면적에서 제외한다. 그러므로 연면적 = 480m² × 5 = 2,400m²이다.
따라서 용적률 = 2,400m² ÷ 1,000m² × 100 = 240%가 된다.

정답 ▶ ①

지하층이 2개 층이고 지상층은 전체가 층의 구분이 명확하지 아니한 건축물로서, 건축물의 바닥면적은 600m²이며 바닥면적의 300m²에 해당하는 부분은 그 높이가 12m이고 나머지 300m²에 해당하는 부분의 높이는 16m이다. 이러한 건축물의 건축법령상 층수는? (단, 건축물의 높이는 건축법령에 의하여 산정한 것이고, 지표면의 고저차는 없으며, 건축물의 옥상에는 별도의 설치물이 없음)

① 1층　　　　　② 3층　　　　　③ 4층
④ 5층　　　　　⑤ 6층

해설　층의 구분이 명확하지 아니한 건축물은 그 건축물의 높이 4m마다 하나의 층으로 보기 때문에 높이가 12m인 경우에는 3층이 되고, 높이가 16m인 경우에는 4층의 건축물이 된다. 또한, 건축물의 부분에 따라 층수가 다른 경우에는 가장 많은 층수로 보기 때문에 해당 건축물의 층수는 4층이 된다.

정답 ▶ ③

건축법령상 대지면적이 160m²인 대지에 건축되어 있고, 각 층의 바닥면적이 동일한 지하 1층 · 지상 3층인 하나의 평지붕 건축물로서 용적률이 150%라고 할 때, 이 건축물의 바닥면적은 얼마인가? (단, 제시된 조건 이외의 다른 조건이나 제한은 고려하지 아니함)

① 60m²　　　　　② 70m²　　　　　③ 80m²
④ 100m²　　　　　⑤ 120m²

해설　용적률 = 연면적 ÷ 대지면적 × 1000이다. 현재 용적률은 150%이고, 대지면적은 160m²이다. 이 경우 대지면적(160m²)의 1.5배가 연면적이 된다. 따라서 이 건축물의 연면적은 240m²가 된다. 여기에서 지하층은 용적률 산정 시 연면적에서 제외되기 때문에 지상 3층만 계산하면 이 건축물의 바닥면적은 80m²가 된다.

정답 ▶ ③

건축법령상 다음의 예시에서 규정하고 있는 건축물의 높이로 옳은 것은?

- 건축물의 용도: 일반업무시설
- 건축면적: 560m²
- 층고가 4m인 6층의 건축물
- 옥상에 설치된 높이 6m인 장식탑의 수평투영면적 80m²

---

① 18m　　　　　② 25m　　　　　③ 28m
④ 30m　　　　　⑤ 36m

해설　건축면적의 1/8은 560m² × 1/8 = 70m²가 된다.
옥상에 설치된 높이 6m인 장식탑의 수평투영면적이 80m²이기 때문에 건축면적의 1/8을 초과한다. 따라서 옥상에 설치된 높이 6m인 장식탑의 높이는 건축물의 높이에 포함하여야 한다.
즉, 층고가 4m인 6층의 건축물의 높이는 24m + 6m = 30m가 된다.

정답 ▶ ④

도시 및 주거환경정비법

유형 1 토지등소유자 산정방법

도시 및 주거환경정비법령상 재개발사업을 시행하기 위하여 조합을 설립하고자 할 때, 다음표의 예시에서 산정되는 토지등소유자의 수로 옳은 것은?

① 3명
② 4명
③ 5명
④ 6명
⑤ 8명

지번	토지 소유자	건출물 소유자	지상권자
1	A	H	
2	B		D
3	F	G	
4	A	A	

해설 토지등소유자 산정 = 지번1의 경우 A와 H 각각 1명, 지번2의 경우 B, D 중 1명, 지번3의 경우 F와 G 각각 1명, 지번4의 경우 A가 이미 지번1에서 산정되었으므로 0명이다. 따라서 조합원은 모두 5명이다.

보충 토지등소유자 산정방법

1. 주거환경개선사업, 재개발사업의 경우에는 다음의 기준에 따라 산정한다.
   - 1필지의 토지 또는 하나의 건축물을 여럿이서 공유할 때에는 그 여럿을 대표하는 1인을 토지등소유자로 산정할 것
   - 토지에 지상권이 설정되어 있는 경우, 토지의 소유자와 해당 토지의 지상권자를 대표하는 1인을 토지등소유자로 산정할 것
   - 1인이 다수 필지의 토지 또는 다수의 건축물을 소유하고 있는 경우에는 필지나 건축물의 수에 관계없이 토지등소유자를 1인으로 산정할 것. 다만, 재개발사업으로서 토지등소유자가 재개발사업을 시행하는 경우 토지등소유자가 정비구역 지정 후에 정비사업을 목적으로 취득한 토지 또는 건축물에 대해서는 정비구역 지정 당시의 토지 또는 건축물의 소유자를 토지등소유자의 수에 포함하여 산정하되, 이 경우 동의 여부는 이를 취득한 토지등소유자에 따를 것
2. 재건축사업의 경우 1인이 둘 이상의 소유권 또는 구분소유권을 소유하고 있는 경우에는 소유권 또는 구분소유권의 수에 관계없이 토지등소유자를 1인으로 산정할 것
3. 추진위원회 또는 조합의 설립에 동의한 자로부터 토지 또는 건축물을 취득한 자는 추진위원회 또는 조합의 설립에 동의한 것으로 볼 것
4. 토지등기부등본 · 건물등기부등본 · 토지대장 및 건축물관리대장에 소유자로 등재될 당시 주민등록 번호의 기록이 없고 기록된 주소가 현재 주소와 상이한 경우로서 소재가 확인되지 아니한 자는 토지등소유자의 수에서 제외할 것
5. 국 · 공유지에 대해서는 그 재산관리청 각각을 토지등소유자로 산정할 것

정답 ▶ ③

2025 박문각 감정평가사

김희상 명품 감정평가관계법규 체계도

제1판인쇄 | 2024. 07. 10. 제1판발행 | 2024. 07. 15. 편저자 | 김희상

발행인 | 박 용 발행처 | (주)박문각출판 등록 | 2015년 4월 29일 제2019-000137호

주소 | 06654 서울특별시 서초구 효령로 283 서경 B/D 팩스 | (02)584-2927

전화 | 교재 문의 (02) 6466-7202, 동영상 문의 (02) 6466-7201

저자와의
협의하에
인지생략

ISBN 979-11-7262-022-6 정가 12,000원